DENNOCH

von

Corrie ten Boom

R. Brockhaus Verlag Wuppertal

R. Brockhaus Taschenbücher Bd. 3

Lizenzausgabe mit Genehmigung des Verlages Sonne und Schild,
Wuppertal
Originaltitel: »Gevangene en toch . . .«
Aus dem Holländischen übersetzt von Adrienne van Hamel

17. Taschenbuchauflage 1979

Umschlag: Elfriede Fulda
Gesamtherstellung: Breklumer Druckerei Manfred Siegel

ISBN 3-417-20003-2

PRÄLUDIUM

«Aber Pappi, du hast mich ja noch nicht zugedeckt!...»
Vorwurfsvoll klingt die helle Kinderstimme. «Ja, mein Kind, ich komme.»

Der Arzt, mit dem ich mich unterhalte, entschuldigt sich. Für uns beide ist es selbstverständlich, daß das Kind zuallererst kommt und das Gespräch, auch wenn es noch so interessant ist, einen Augenblick unterbrochen werden muß. Ich höre «Pappi» hinauf gehen und gleich darauf fröhliches Kinderlachen und ein leises Geräusch von trippelnden Füßchen. Dann wird es still, und der Doktor kommt herunter, um die Unterhaltung fortzusetzen.

Meine Gedanken aber irren ab. Der Arzt und seine Frau sind Juden. Was wird, wenn die Gestapo kommt und die Kinder aus ihren Bettchen holt? Werden sie dann in ein Lager gebracht, wo ein rascher oder langsamer Tod ihrer wartet? Wird die Familie völlig auseinandergerissen werden? Wo wird der Vater hinkommen? Und die arme Mutter, wird sie weit weg in Polen in banger Trauer um ihre Kinder leben müssen?

«Pappi, du hast mich ja noch nicht zugedeckt...»

Ich fasse einen weittragenden, sehr ernsten inneren Entschluß: Ich werde den bedrängten Juden helfen, wo ich nur irgend kann.

UNTERTAUCHER

(So wurden in der niederländischen Widerstandsbewegung die sich vor dem Zugriff der Gestapo versteckenden Juden und anderen jungen Menschen genannt.)

Im großen Wohnzimmer unseres Hauses in der «Barteljorisstraat» in Haarlem erklingt eine Violinsonate von Tartini. Andächtig, völlig versunken, lauschen die Zuhörer. Der Geiger ist ein junger Rechtsanwalt, der zu uns gekommen ist, weil er in seiner bisherigen Umgebung schwermütig wurde. Man sagt, daß unser Haus das vergnügteste von allen Untertaucherverstecken in den Niederlanden ist. Allerdings herrschen hier Harmonie und Freude, wenn auch vermischt mit quälender Sorge und häufig gestört durch drohende Gefahr.

Der letzte Geigenstrich ist zart verklungen, und es ist einen Augenblick totenstill. Jetzt wird Eusie singen. Mit einem Male hören wir von weitem das Abwehrgeschütz. In den Straßen ertönt das freudlose Singen deutscher Soldaten.

Eusie steht am Klavier. Er ist jüdischer Vorsänger und hat eine herrliche Stimme. Er singt voller Hingabe, Sehnsucht, Auflehnung; tiefes Leid spricht aus seinem leidenschaftlichen Gesang. Es drückt sich darin der unsagbare Schmerz aus um alles, was sein geliebtes Volk erdulden muß. Nur eines kann er nicht: leise singen. Leider muß ich ihn bitten aufzuhören.

«Eusie, man hört dich auf der Straße. Diese Musik verrät jedem, daß hier Juden im Hause sind. Wenn du nicht leiser singen kannst, dann höre bitte auf.» Ich bedaure unendlich, der schönen Musik, die eine solch milde Trösterin ist, ein Ende machen zu müssen.

Eusie ist wie ein großes Kind. Es ist ihm unmöglich, sich vorzustellen, daß er durch sein Äußeres sofort als Jude zu erkennen ist und er infolgedessen für seine Umgebung wie für sich selbst eine große Gefahr bedeutet. Plötzlich ist die Stimmung gedrückt. Wann, o wann wird diese ständige Bedrohung ein Ende nehmen? Wann werden wir wieder frei sein und unser junges Leben genießen können?

Ich setze mich ans Klavier und intoniere ein Lied. Wir singen vierstimmig: «Kommt mit Gesang und süßen Tönen, laßt klingen frohes Saitenspiel ...» Schön klingt es, obgleich nicht alle Stimmen geschult sind. Alle sind mit der Seele dabei. Da, ganz plötzlich, werde ich weggerufen. Unten im Flur steht ein jüdisches Ehepaar, ängstlich wie gehetzte Tiere. Sie bitten inständig um Obdach.

Ich nehme sie mit ins Zimmer und setze ihnen heißen Kaffee vor. Des Mannes zitternde Hände verschütten ein wenig davon, er kann die Tasse kaum halten. Seine Zähne klappern, und er fängt an, verwirrt zu erzählen von allem, was er hat zurücklassen müssen: einen wertvollen Lederkoffer, Lebensmittel, Wäsche und wundervolle Perserteppiche. Sie hatten schon gute Unterkunft gehabt, aber heute abend waren sie gewarnt worden: sie seien verraten worden und der SD(Sicherheits-Dienst) suche nach ihnen.

«Selbstverständlich können Sie die Nacht hierbleiben, und dann werden wir morgen weitersehen. Wir werden schon für Sie sorgen. Versuchen Sie, jetzt keine Angst mehr zu haben. Es wird bestimmt alles gut werden!»

Ich führe die beiden Menschen zu Vater ins Zimmer. Er versteht so gut zu trösten. Er liebt die Juden. Seit Generationen lebt diese Liebe für die Kinder Israels in unserer Familie.

Oben in der Wohnstube überlegen wir krampfhaft: Hans, der Student, kann im sogenannten «Engelkasten» schlafen. Das ist ein verborgener Wandschrank hinter einer blinden Mauer. Darin gibt es ein Luftloch, dessen kleine Luke wir offenstehen lassen können. Die neuangekommene Frau kann in Hansens Stübchen und der Mann bei den übrigen jungen Leuten schlafen. Aber neun Untertaucher kann unser Haus auf die Dauer nicht verbergen. Piet muß gleich fortgehen, um eine neue Adresse ausfindig zu machen.

Kurz vor zehn ist er wieder da. Leider war die Sucherei vergeblich gewesen: bei der einen Familie war alles schon vollbesetzt, bei der nächsten gab es Kinder, und da war es deshalb gefährlich, weil Kinder nicht dichthalten können. Anderswo wieder wohnten «N.S.B.er» direkt gegenüber.[*]

Es gibt nun zwei neue Bekümmernisse, die wir beim Abendgebet vertrauensvoll auf den Herrn werfen. Er wird uns helfen.

Am nächsten Morgen kommen sie alle, unsere heimlichen

---

[*]) N.S.B. = Nationalsozialistische Bewegung, »N.S.B.er« also Angehörige der niederländischen Nazipartei.

Mitarbeiter. Ich frage jeden, ob er nicht eine Unterkunft für ein jüdisches Ehepaar weiß. Fred kennt eine Adresse, wo übermorgen Platz sein wird. Erfreut gehe ich zu «Tante Mien» (so soll der neuangekommene Gast genannt werden), um die Neuigkeit zu erzählen. Sie sitzt mit Eusie und den übrigen in der Küche und schält Kartoffeln. Henk, der Geiger, erzählt Witze. Es geht sehr lustig zu. Ganz anders als in den ersten Tagen von Henks Hiersein. Da saß er stumm da, starr geradeausblickend. Er entpuppt sich jetzt als ein zwar ruhiger, aber doch heiterer Mensch, der durch seine vergnügten Einfälle oft schallendes Gelächter zu entfesseln weiß. «Onkel Jan», «Tante Miens» Mann, hat sich mit seiner Pfeife zu Vater gesetzt. Als ich erzähle, daß wir für übermorgen eine Adresse ausfindig gemacht haben, bitten sie beide, doch nur ja hierbleiben zu dürfen. Leider geht es auf gar keinen Fall. Ich überlasse es Betsie, meiner Schwester, sie zu überzeugen, und gehe rasch in den ersten Stock hinauf. So viele brauchen meinen Rat und Zuspruch!

Gibt es irgendwo Platz für ein jüdisches Kindchen?

Wo könnte ich nur grüne Ausweise bekommen?

Einer ist aus der Provinz Limburg gekommen. Er arbeitet mit vielen anderen jungen Männern und Frauen in einer Organisation, die für Hunderte von jüdischen Kindern sorgt.

Eines der jungen Mädchen hat acht kleine Psychopathen verschiedener Altersstufen untergebracht. Es ist aber gefährlich, sie in ihrer kleinen Wohnung zu halten. «Gibt es einen Nervenarzt, den du um Rat fragen kannst? Gut, bitte ihn, ein ärztliches Gutachten auszuschreiben, dann werde ich dafür sorgen, daß die Kinder in Anstalten kommen, wo sie hingehören.»

Es geht heute wieder sehr lebhaft zu. Probleme ohne Zahl türmen sich vor uns auf. Eine jüdische Frau steht knapp vor der Entbindung. Ich muß versuchen, sie sofort in die Klinik aufnehmen zu lassen. Ein Kind hat Diphtherie bekommen. Ein Mann ist gestorben, und es muß eine heimliche Bestattung ermöglicht werden.

An diesem Tage sende ich Kuriere nach Limburg, Friesland und nach der Stadt Enschede. Wie schwierig und gefährlich die Fahrten unter den obwaltenden Umständen sind, weiß nur der, der solche Reisen hat machen müssen.

Mein Zimmer gleicht einem Bienenkorb. Ich kombiniere Nachfrage und Angebot. «Sie haben eine Adresse für einen Säugling? Wunderbar! Besprechen sie sich mit Mien. Sie ist eben mit einem vordringlich zu erledigenden Fall beschäftigt und braucht dringend Ausweise. Dick, da kannst du raten und helfen.» «Noch zwanzig Lebensmittelkarten? Selbstverständlich, wird sofort erledigt. Jaap, bitte, hole du schnell 25 Karten, du weißt schon wo. Mien wird nachher noch fünf weitere holen.» Unser Lebensmittelkartenvorrat ist gut versteckt in einem Loch unter der Treppe, wo keiner auch nur ein heimliches Versteck vermuten würde.

In einem Schuppen in der Nähe eines Tennisplatzes liegt ein schwerkranker Mann. Man hat ihn dort untergebracht, weil sein Gastgeber verhaftet wurde. Er selbst entging mit knapper Not dem gleichen Schicksal. Abends wird dort Tennis gespielt, also muß der Mann vor sechs Uhr fort sein. Und es ist in Saantpoort, weit außerhalb Haarlems!

«Los, Jungen, an die Arbeit. Wer sorgt für den Transport? Wer für eine Adresse?»

Meine lieben, tüchtigen Kerle springen sofort auf und überlegen mit. Gleich darauf sind sie schon unterwegs und viele andere ebenfalls. Es wird allmählich ruhiger in meinem Zimmer. Was sind es doch für reizende, zuverlässige junge Menschen. Intelligente, frische Gesichter. Die meisten sind sehr geschickt und wendig und alle weit über ihr Alter hinaus ernst und entschlossen. Oft völlig auf sich selbst gestellt, leisten sie verantwortungsvolle Arbeit, die nicht selten mit größter Gefahr verbunden ist. Aber sie sind tapfer und treu. Sie wissen, daß von ihrer Verschwiegenheit alles abhängt.

Bei mir fühlen sie sich heimisch. Wenn ihre Abeit ihnen keine Zeit läßt, nach Hause zu gehen, essen und schlafen sie bei mir in der «BJ», das ist der Deckname für unser Haus (Barteljorisstraat). Manchmal reicht die Zeit noch, auch einmal über ihre eigenen Sorgen und Schwierigkeiten zu sprechen, und sie vertrauen sich mir an. Ihre kleinen Vertraulichkeiten verraten oft mehr über ihr Wesen und passen besser zu ihrem Alter als die vielen schweren Probleme, mit denen sie sich nun schon lange täglich herumzuschlagen haben.

Erst um zehn Uhr abends finde ich Gelegenheit, meine Aufzeichnungen zu ordnen. Dem italienischen Unterricht habe ich nicht beiwohnen können. Er wird von Mary, unserer ältesten Untertaucherin, erteilt. Sie hat einst ein Reisebüro in Italien geleitet. Eusie unterrichtet Hebräisch, Hans Astronomie. Jaap empfindet es schmerzlich, daß er mit all dieser Gelehrsamkeit nicht wetteifern kann: er unterhält dafür die Gesellschaft mit seinen Taschenspieler-Kunststückchen. Zwar sind sie ein wenig durchsichtig, aber die Stimmung wird trotzdem dadurch gehoben.

Am italienischen Unterricht beteiligen sich alle, sogar Vater, der sich eifrig Notizen macht. Trotz seines hohen Alters, er ist vierundachtzig Jahre, freut er sich immer, wenn er seine Sprachkenntnisse erweitern kann. Von jeher war das Sprachstudium eines seiner Steckenpferde. Mir ist es nur recht, so viele Menschen um mich zu haben. Am ovalen Eßzimmertisch müssen wir unsere Stühle ein wenig schrägstellen, dann haben mehr Leute Platz. Wir sitzen derart eng, daß unsere Katze sich ein schönes Spiel ausgedacht hat: sie hüpft von einer Schulter auf die nächste, um sich schließlich beim Großvater gemütlich niederzulassen. Es geht heute recht laut zu. Wie wenig gleicht unser Haus dem, was es in den Augen der Außenwelt eigentlich sein müßte: das Heim von drei verhältnismäßig alten Menschen!

Plötzlich wird eine Leiter an das Haus gestellt. Die Gesichter erstarren, die meisten werden blaß vor Schrecken. Zum Glück ist es nur der Fensterputzer. Alle seufzen erleichtert auf. Erleichtert, ja, aber wie, wenn dieser Mann ein Verräter wäre? Wie können wir unsere große Gesellschaft plausibel machen? Eusie weiß Rat: «Wir tun, als ob Tante Beb heute Geburtstag hätte und singen das schöne Lied: ‚Oh, wie sind wir heute froh, Tante hat Geburtstag heut.'»

Alle versuchen mitzusingen, was aber nur teilweise gelingt, weil wir vor Lachen nicht weiterkönnen. «Eusie, setz dich mit dem Rücken zum Fenster», empfehle ich. «Es würde nichts nützen», meint Hans flüsternd, sogar sein Nacken ist semitisch.»

Meine Taschenbibel habe ich zwischen meinen Kleidern, einen Bleistift in der Frisur versteckt. Jeden Augenblick muß man damit rechnen, daß es mal schiefgehen kann. Dieses fortwährende «Auf-dem-Sprung-sein» zerrt an den Nerven. Wie kann es nur immer so weitergehen?

Die Zahl der Mitarbeiter nimmt von Tag zu Tag zu. Über achtzig Untertaucher haben für längere oder kürzere Zeit in der BJ Obdach gefunden. Mindestens sieben gleichzeitig. Im Höchstfalle zwölf. Der Kern bleibt: Eusie, Mary und Martha sind Juden. Dann die beiden Studenten Piet und Hans, und Leendert, der Lehrer ist. Diese drei sind Untertaucher, arbeiten aber trotzdem mit, soviel sie nur können. Und alle helfen sie mit in der Wirtschaft. Richtige Ordnung gibt es kaum noch in unserem Hause, da jegliche gelernte Kraft fehlt.

Aber alle sind voll guten Willens. Das Wichtigste ist schließlich, daß die Menschen gerettet werden und daß sie hier glückliche Tage verbringen können.

Alles, was früher wichtig war, Aufräumen und Saubermachen, es bedeutet nichts mehr gegen die bittre Not dieser in fortwährender Angst lebenden Menschen. Sicherheitsmaßnahmen dagegen sind das Allerwichtigste. Manchmal wird «Flucht» geübt. Wenn alle schlafen gegangen sind, klingle ich zum Beispiel. (Im ganzen Hause sind Alarmglocken angebracht.) Mit der Stoppuhr in der Hand stehe ich da, während sie alle in meinem Wandschrank verschwinden. Ganz unten in diesem Schrank ist eine Schiebeluke eingebaut. Dahinter befindet sich ein kleiner Raum, der ungefähr acht Personen faßt. Selterswasser und Dauerbackware stehen dort immer bereit. Eine Matratze liegt am Boden. Vor dem Zubettgehen bringen alle Gäste ihre Ober- und Unterkleidung in den «Engelkasten», wie wir das Versteck getauft haben. Man muß lachen, wenn man den allabendlichen Aufzug sieht. Eusie läßt immer einen Hosenträger nachschleppen, wenn er seine Sachen bringt. Im Schrank gibt es Kleiderhaken, und einer der jungen Leute geht hinein und nimmt die Kleider in Empfang.

Jetzt aber, beim Alarm, sind sie sofort alle verschwunden. Sie hocken sich hin und werden völlig unsichtbar. Ganz zuletzt sehe ich nur noch Beine. Zum Schluß stellen sie selbst einige Kartons vor die Öffnung und schließen die Luke. Die ganze Prozedur hat siebzig Sekunden gedauert.

Jetzt mache ich die Runde durch die Zimmer: alles sieht unbewohnt aus, die Matratzen sind gewendet, die Schlafdecken sauber zusammengelegt. In Eusies Zimmer finde ich aber Zigarrenasche, bei Henk einen Kragenknopf. Aus dem «Engelkasten» höre ich Eusies jüdische Stimme: Mhary, du phustest mich in den Nhacken!» Bald rufe ich sie alle, und sie setzen sich um mein Bett herum auf den Fußboden. Dann wird alles genau besprochen, die Fehler moniert, aber auch die Geschwindigkeit gelobt.

Wie entsetzlich, daß solche Übungen überhaupt nötig sind. Wir empfinden alle die Tragik dieser Notwendigkeit, und ich rette die Situation dadurch, daß ich Cremeschnitten spendiere, wenn auch nur «kriegsmäßige»! Sie wissen, daß diese meistens den Schluß der Übung bilden, und Eusie sagt manchmal: «Gibt es heute abend keinen Alarm? Ich hätte Appetit auf Cremeschnittchen!»

Feindlicher Überfall

Am 28. Februar kommt aber wirklich Alarm. Ich liege mit einer Grippe zu Bett und inhaliere. An meinem Bett vorbei eilen vier jüdische Untertaucher in das Versteck. Zwei Mitarbeiter folgen. Letztere sind in großer Gefahr, weil sie belastende Papiere mit sich führen. Ich werfe ihnen meine Tasche mit den Aufzeichnungen nach, stelle selbst die Kartons vor die Luke und schließe die Schranktür. Kaum liege ich wieder im Bett, als ich auch schon schwere Schritte poltern höre.

Ein verbissen aussehender Mann tritt ins Zimmer. «Wer bist du? Her mit dem Personalausweis.» Aus einem kleinen Beutel, den ich immer bei mir trage, nehme ich den Ausweis. Es fallen einige Banknoten heraus. Gierig hebt er das Geld auf, steckt es zu sich und wirft einen Blick auf den Personalausweis.

«Sofort aufstehen, du bist verhaftet!» Während ich mich anziehe, höre ich andere Männer durch das Haus gehen. Das Geräusch von Hammerschlägen an eine Tür dringt an mein Ohr. «Wo ist euer geheimer Raum?» fragt der Mann. «Den gibt es hier nicht.» «Doch, doch, da stecken selbstverständlich deine Juden darin. Es wird dir aber nichts nützen. Ich lasse das Haus bewachen, bis sie zu Mumien geworden sind.» Eine abscheuliche Grimasse spielt um den grausamen Mund.

Als ich hinunterkomme, ist die ganze Wohnstube voller Menschen. Mein Bruder hatte eine Bibelstunde abgehalten, viele waren gekommen, ihr beizuwohnen. Jeder, der in diesem

Augenblick die Schwelle unseres Hauses überschreitet, wird sofort verhaftet. Die BJ ist zur Gestapofalle geworden. Kaptein, ein Mann mit einem bleichen grausamen Gesicht, der den Überfall leitet, befiehlt mir, ihn in unseren Laden zu begleiten. «Nimm die Brille ab», herrscht er mich an.

Dann beginnt das «Verhör». Nach jeder Frage, die er mir entgegenschleudert, schlägt er mich ins Gesicht. Schon nach dem ersten Schlag schwindelt mir. Es schmerzt sehr, bald aber läßt der Schmerz nach. Ich befürchte, daß ich, wenn er weiterschlägt, nicht durchhalten werde. «Herr Jesus, schütze mich», rufe ich laut.

Ein abstoßender Ausdruck kommt in seine Augen. Er zischt: «Wenn du diesen Namen noch einmal zu nennen wagst, schlage ich dich tot». Ich schweige, aber Kaptein hört auf zu schlagen.

Dann wird Bep geholt. Mich schickt er ins Wohnzimmer zurück, aber ich darf meine Brille nicht wieder an mich nehmen. Ich werde sie wochenlang entbehren müssen. Als Bep zurückkommt, fragt meine andere Schwester, die in die Falle geraten ist, als sie Vater besuchen wollte: «Hat er dich geschlagen?» «Ja», sagte Bep, «aber der Mann, der es tat, hat mir so leid getan.» Als Kaptein auch fortfuhr, sie zu schlagen, hat sie laut gerufen: «O Heiland, Heiland!» Auch da hatte er geschrien: «Schweig, nenne diesen Namen nicht!» Aber er hatte aufgehört zu schlagen.

Das ganze Haus wird durchsucht. Ein Schrank in der Wohnstube, der als Personenversteck für untauglich befunden war, enthält einige Wertsachen, die wir sorgfältig verborgen hatten. Sie werden entdeckt. Viele silberne «Rijksdaalders» (Wert: F. 2,50), die wir mühsam zusammengespart hatten, werden auf den Tisch geworfen und verschwinden dann in Kapteins Aktenmappe. Schachteln mit Uhren, die Juden gehörten, und andere kleine Erinnerungsstücke kommen zu Vorschein.

An der Wand entlang stehen und sitzen alle, die in die Falle gegangen waren, aber keiner sagt auch nur ein einziges Wort. Etwas Unheilvolles liegt in diesem eisigen Schweigen.

Vater ist völlig ruhig. Er sitzt im Sessel am Ofen. Ich will zu ihm gehen, aber Kaptein, der Gestapomann, dreht meinen Stuhl herum, und ich muß mit dem Gesicht zur Wand gekehrt sitzen bleiben. Ich habe in meinem eigenen Hause nichts mehr zu sagen. Ist in meinem Herzen Wut über die menschenentehrende Behandlung? Nein, Mitleid, mit all diesen Menschen um mich herum herrscht vor.

Ach, da kommt auch noch der alte Missionar Lasschuit herein. Soll er auch noch verhaftet werden?

Das Telefon läutet. Es hatte mich mit nicht geringem Stolz erfüllt, daß es mir gelungen war, das Telefon heimlich zu behalten und außerdem noch vielen anderen Menschen durch meine Vermittlung zu einem Fernsprechanschluß verholfen zu haben. Jetzt verwünsche ich den Apparat. Ich muß nun selbst mit dem Gestapomann neben mir das Gespräch entgegennehmen. Ich versuche, meine Stimme so zu modulieren, daß die Leute am anderen Ende begreifen müssen, daß bei uns etwas los ist.

Wiederholt heißt es: «Wißt ihr schon, daß Onkel Hermann erwischt worden ist? Seht euch vor, ihr seid in großer Gefahr.»

Ich möchte schreien: «Ja, ja, ich weiß es, und auch wir sind verhaftet, und neben mir steht ein Kerl von der Gestapo und hört mit!» Aber ich wage es nicht, ich habe zuviel Respekt vor der Hand des Untermenschen neben mir.

Plötzlich will einer der Männer selbst anrufen. Es meldet sich niemand: Gott sei Dank, man hat mich verstanden und die heimliche Telefonleitung durchgeschnitten. Wütend fragt Kaptein: «Wie kommt es, daß die Verbindung unterbrochen ist? Habt ihr eine geheime Nummer?»

Möglichst arglos erwidere ich: «Ich habe keine Ahnung, ich verstehe nicht, was los ist.» Aber im stillen bin ich sehr erleichtert. Wenigstens keine Anrufe mehr. Man hat also erfahren, welches Unglück uns ereilt hat. Ich sitze jetzt doch wieder neben Vater und versuche, das Feuer im Ofen zu schüren. Betsie verteilt einige Brotschnitten. Ich kann die trocknen Bissen kaum hinunterwürgen, aber ich sehe, wie unser Gehilfe das Brot gierig verschlingt. «Wie furchtbar, daß auch er hier festgehalten wird», geht es mir durch den Kopf, «welche Sorge für seine Frau und die Kinder.»

«Wie ich Betsies Blick begegne, zeigt sie auf unseren hübschen neuen Kamin. Dort hängt in Brandmalerei der Spruch «Jesus ist Sieger». Auch Vater schaut hin und sagt dann laut: «Ja, ja, so ist es.»

Es ist, als ob sich auf den Gesichtern eine gewisse Entspannung bemerkbar macht, weil wenigstens einer gesprochen hat. Oder kommt es daher, weil auch die anderen die Textworte gelesen haben? Ich sage mir: «Es sieht jetzt aus, als ob die Gestapo Sieger ist, aber das ist nur Täuschung.» Begreifen kann ich es zwar nicht, aber glauben und begreifen ist zweierlei.

Mit einem Male zeigt einer der Gestapoleute auf die neben Vater auf dem Tisch liegende Bibel und sagt: «Sagen Sie mir bitte, was darin steht über die Obrigkeit». Vater antwortet: «Fürchtet Gott, ehret die Königin.» «Das stimmt nicht, so steht es da nicht.» «Nein, es steht geschrieben: Fürchtet Gott, ehret den König! Das ist aber in unserem Falle die Königin.» Die Katze springt auf meinen Schoß, ihr weiches Fell streift meinen Arm. Es bewegt mich sehr. Was soll aus dem armen Tierchen werden, wenn unser Haus geräumt ist?

Ich bin fast erleichtert, daß meinem Grübeln ein Ende gesetzt wird und wir nun zur Polizeiwache in der Smedesstraat geführt werden. Vater stützt sich auf meinen Arm. Wie wir an der altfriesischen Wanduhr im Flur vorbeigehen, sagt er: «Ziehe bitte die Uhr auf.» Ahnt er nicht, daß wir morgen nicht mehr hier sein werden? In dem geliebten Haus mit der ihm so teuren und vertrauten Uhr?

Während wir dies alles durchmachen, sitzen die sechs Untertaucher in ihrem sicheren Versteck. Die Gestapo weiß zwar, daß sie irgendwo im Hause verborgen sind, aber es ist ihr nicht gelungen, das Versteck zu finden. Unser Haus ist so alt und verbaut, daß kein Mensch entdecken oder auch nur ahnen kann, daß in einem Zimmer zwei Steinmauern sind, zwischen denen Raum für acht Personen ist.

Zwei Polizisten bleiben als Wache zurück. Nach zwei Tagen werden sie von uns wohlgesinnter Polizei abgelöst. Diese ist von unseren Mitarbeitern aufgeklärt worden und kann nun endlich die armen Leutchen befreien. Wie freuen sie sich, aus dem engen Versteck erlöst zu sein! Aber erst wenn es dunkel wird, dürfen sie sich hinauswagen. Eusie ist so glücklich, daß er gleich mitten auf der Straße seine Arme emporhebt und ein jüdisches Gebet spricht. Wird er denn nie vernünftig werden?

Im Polizeiamt hat man eine große Matratze auf den Boden gelegt, worauf wir alle schlafen sollen. Ich zähle fünfunddreißig Häftlinge. Vaters Kinder, drei Töchter, ein Sohn und ein Enkel liegen bei ihm. «Ich habe dieses Bild schon einmal im

Traum gesehen», sagt Betsie. «Ich konnte nicht erfassen, was es bedeutete, aber ich sah Vater mit seinen Kindern und noch vielen anderen auf einer Matratze liegen.» Bevor wir uns hinlegen, versammelt Vater alle um sich. Mein Bruder liest auf seine Bitte Psalm 91, und Vater betet mit uns. Wie oft habe ich ihn so beten hören. Ruhig und voller Zuversicht klingt seine Stimme auch jetzt. Es wird das letzte Mal sein, daß er mit uns betet, aber das ahne ich noch nicht.

Im Raum sitzt ein Polizist, der uns bewachen soll. Er ist freundlich, und als er Vater ansieht, kommt ein trauriger Blick in seine Augen.

«Vater ist sicher wohl der älteste Häftling, den Sie jemals zu bewachen hatten», frage ich ihn.

«Traurig genug», brummt er.

Da wir jetzt völlig uns selbst überlassen sind, haben wir Gelegenheit, ruhig miteinander zu überlegen, welche Antworten wir bei einem eventuellen Verhör geben sollen. Einer der Mitarbeiter wird sagen, daß er wegen einer kaputten Uhr, ein anderer, daß er wegen der Jugendarbeit gekommen war. Aber es heißt tüchtig aufpassen, denn ein Uhrmacherkollege vom Vater ist zum Schein «mitverhaftet» worden: er ist aber ein Spitzel und stellt sich, während wir miteinander flüstern, hinter uns, um so viel wie möglich von unseren Gesprächen aufzufangen. Zum Glück sind wir rechtzeitig gewarnt worden und nehmen uns sehr in acht.

ABSCHIED VON HAARLEM

Der auf diese schlaflose Nacht folgende Tag wird uns unerträglich lang. Obgleich wir nichts Erfreuliches zu gewärtigen haben, sehnen wir alle eine Veränderung herbei. «Wenn wir erst einmal in der Zelle sitzen, werden wir zur Ruhe kommen», sagen wir zueinander.

Um die Mittagszeit fährt ein großer Autobus vor. Beim Einsteigen sehen wir viele alteingesessene Haarlemer vor dem Polizeiamt stehen. Aber keiner spricht ein Wort. Wie hat Vater unsere schöne Stadt geliebt! «Haarlems good old fellow» nannte man ihn. In den Straßen stehen viele unserer Freunde und Nachbarn, die meisten mit Tränen in den Augen.

Wie schön ist der große Markt: gerade scheint die Sonne auf die wundervolle Kirche. Es ist ein strahlender Tag im Februar. Etwas Vorfrühlingshaftes liegt in der Luft. Wir werden Haarlem, überstrahlt von Sonne, in leuchtender Erinnerung behalten. Wann werde ich meine geliebte Heimatstadt wiedersehen?

«Du mußt denken, lieber Vater, daß Haarlem befreit sein wird, wenn wir es wiedersehen!»

«Nein», sagte Betsie, «du wirst es noch vorher sehen.»

Ich lege meinen Arm um Vater. Er stützt sich schwer auf mich. Wie schwach ist er! Wir unterhalten uns über den Himmel.

«Was auch geschehen mag, der Himmel erwartet uns.»

«Das ist gewiß», sagt Vater. Er ist weder unruhig noch betrübt. Manchmal denke ich, daß er nicht begreift, was vorgeht und wohin wir gebracht werden.

In meinem Herzen ist eine große Ruhe. Lange schon hatte ich die Katastrophe erwartet. Nun ist der Schlag gefallen. Ich erlebe alles wie den Schluß eines spannenden Abschnitts in meinem Leben. «Nur kein Selbstmitleid», sage ich mir.

IM GEFÄNGNIS ZU SCHEVENINGEN

VATERS LETZTE TAGE

In Scheveningen bringt man uns zunächst zum Büro der Gestapo. Meine Schwester sagt zu den Polizisten: «Mein Vater ist so schwach und krank. Er wird kaum den großen Schritt aus dem Auto machen können.» «Machen Sie sich nur keine Sorge», lautet die Antwort, «wir werden ihn tragen.» Und sie tun es ganz behutsam. Vater lehnt sich zurück und sein Mund öffnet sich. Zum ersten Mal kommt mir der Gedanke, daß er dies alles nicht überstehen und niemals zurückkommen wird.

Als Vater ins Amtszimmer geführt wird, sagt ein Deutscher: «Laßt diesen Mann nur zu Hause sterben.»

«Was!» schreit Kaptein, «dieser Mann ist der schlimmste von allen! Er spricht von nichts anderem als von Jesus und von der Königin. Und dann schließt sich die große Gefängnispforte hinter uns. «Alle Nasen gegen die Mauer», lautet der Befehl.

Da stehen wir mit dem Gesicht zur Wand gekehrt. Vater darf sich setzen. Ich küsse ihn noch einmal auf die Stirn.

«Der Herr sei mit dir», flüstere ich. «Und mit dir», erwidert Vater. Noch einmal blicke ich mich um. Es ist das letztemal, daß ich meinen guten Vater auf dieser Erde sehe. Nur zehn Tage sollte er seine Verhaftung überleben. In der Zelle ist er sehr mutig. Zu seinen Mitgefangenen äußert er: Wenn ich morgen befreit werde, fahre ich übermorgen damit fort, Juden und allen denen, die kein Obdach haben, zu helfen.

Viel später habe ich gehört, daß sein Geist in den letzten Tagen verwirrt gewesen sei. Ganz zuletzt hat man ihn ins Krankenhaus gebracht. Dort ist er im Korridor gestorben, und man hat ihm ein Armenbegräbnis gegeben. Als er starb, waren seine Kinder und der jüngste Enkel im Gefängnis. Es wäre eine geringe Mühe gewesen, uns zu ihm zu führen. Aber wir sollten eben nicht erfahren, daß er gestorben war.

Ein Neffe las die Todesnachricht in den amtlichen Notizen. Gerade an jenem Tage waren zwei von Vaters Enkeln nach Den Haag gefahren, um Erkundigungen über Vaters Befinden einzuziehen. Man schickte sie von Pontius zu Pilatus. Schließlich sagte man ihnen auf irgendeinem Amt: «Ihr Großvater ist gestern beerdigt worden.»

Auf die Anhängeadresse eines an Betsie gesandten Päckchens schrieb eine Nichte: «Trauere nicht mehr wegen Großvater, er ist dort, wo man ihm nichts mehr anhaben kann und wohin er sich so gesehnt hatte. ‚Das Beste kommt noch‘, war seine Losung. Jetzt ist es für ihn gekommen. Sei tapfer, liebe Tante, es ist alles gut so.» Oft hatte man Vater gewarnt: «Wenn Sie damit fortfahren, immer so viele Juden zu beherbergen, landen Sie bestimmt noch im Gefängnis, und Sie werden das bei Ihrer schwachen Gesundheit kaum überstehen können.» Vater erwiderte dann: «Wenn es so kommen sollte, wird es mir zur Ehre gereichen, mein Leben für das Volk Gottes dahinzugeben.»

Diese Ehre ist ihm zuteil geworden. Vater ist im Gefängnis den Märtyrertod gestorben. Als Betsie es erfuhr, schrieb sie nach Hause: «Jemand, von dessen Herzen Jesus in solchem Maße Besitz ergriffen hatte, der dem Heiland so nahe war, dem die ewigen Dinge so selbstverständlich waren und dem die Gabe des Gebetes in so herrlicher Weise verliehen war, der ist zum Märtyrer vorbestimmt gewesen. Ich habe es immer gewußt, daß der Vater nicht in seinem Bett sterben würde. Gott hat sich das Regiment nicht aus der Hand nehmen lassen.»

IN DER ZELLE

Es ist jetzt die zweite Woche meiner Haft. Drei Tage bin ich schwerkrank gewesen, und endlich ist es soweit, daß ich aufstehen kann. Die Tür öffnet sich, und ich bekomme den Befehl, mich anzuziehen und sogar Hut und Mantel anzulegen. Hüte dürfen sonst im Gefängnis nicht getragen werden, und ich entnehme aus der Anweisung, daß ich aus den Gefängnismauern herauskommen werde. Den Krankenträger, der mich abholt, frage ich, wo ich hinkomme. «Zur Krankenberatungsstelle», sagte er. Ein schöner Wagen steht draußen bereit. Ein Offizier, der Krankenträger und zwei meiner Schicksalsgenossen steigen mit mir ein.

Wir fahren durch Den Haag. Das Wetter ist prachtvoll, heller Sonnenschein liegt über der Stadt. Das Straßenbild ist ganz wie sonst, uns aber kommt es wie ein Wunder vor, daß es Menschen gibt, die einfach frei herumlaufen können, daß die Straßenbahn fährt, ein Bäckerwagen, ein Müllabfuhrwagen. Ganz wie man es von jeher gewohnt ist. Nur für uns aus dem Alltagsleben Ausgestoßene ist es ein ungewohnter Anblick.

In der Beratungsstelle bitte ich eine Schwester, mir zu zeigen, wo ich mir die Hände waschen kann. Sie begleitet mich, schließt die Tür hinter uns und umarmt mich spontan.

«Kann ich Ihnen mit irgend etwas helfen?» fragt sie.

«Ja, gerne! Eine Taschenbibel! Sie ist mir abgenommen worden, als ich ins Gefängnis eingeliefert wurde. Und haben Sie vielleicht einen kleinen Bleistift, eine Zahnbürste, Sicherheitsnadeln?» Eine ganze Reihe Gebrauchsgegenstände stehen auf meiner «Wunschliste». Wie wohl tut diese Herzenswärme.

Die Schwester ist keine Schönheit, sie ist nicht einmal hübsch, aber sie strahlt Liebe aus. Welch ein Unterschied, wenn man an die gehässigen Frauen im Gefängnis denkt. Begreift sie, daß mich ihre Freundlichkeit von innen her erwärmt? Dieser Begegnung werde ich mein ganzes Leben lang dankbar gedenken.

Der Arzt stellt nasse Rippenfellentzündung fest. «Ich hoffe, daß ich Ihnen mit dieser Diagnose einen Gefallen tue», sagte er. «Sie werden wahrscheinlich ins Krankenhaus kommen.»

Beim Fortgehen steckt die freundliche Schwester mir eine Menge Sachen, um die ich gebeten hatte, in die Tasche. Zwar hatte sie in der Eile keine Bibel auftreiben können, wohl aber die vier Evangelien. Ich freue mich unbändig darüber!

EINZELHAFT

Zwei Tage später werde ich abends aus der Zelle geholt. «Alles mitnehmen; du bekommst Einzelhaft. Ich darf beim Einpacken meines dürftigen Besitzes kein Wort wechseln. Es gelingt mir, unter der Matratze meine Evangelien hervorzunehmen; für den Bleistift ist keine Gelegenheit. Mit meinen Augen grüße ich noch meine Zellengenossinnen. Sie sind mir liebgeworden, trotz des großen Unterschieds in der Lebensauffassung.

Eine einsame Zelle wartet auf mich. Die Tür schließt sich hinter mir. Ich bin allein. Die Zelle wirkt leer und grau. In der andern waren noch Farben, z. B. die Kleider der Gefangenen. Hier nicht. Kalt, eiskalt fühle ich mich. Ein eisiger Durchzug weht durch die Zelle. «O Heiland, du bist bei mir, hilf mir, halte mich fest, tröste mich!» Ich werfe mich auf die Matratze, ziehe die schmutzige Decke über mich und schließe meine Augen. Ab und zu schüttelt ein Windstoß die Tür so stark, daß ich meine, jemand gebe ihr von außen einen Stoß. Rechts und links wird geklopft. Ich weiß noch nicht, daß es meine Zellennachbarinnen sind, die durch eine Spalte unter dem Tisch mit mir sprechen wollen. Durch die Röhren der Zentralheizung beginnt Wasser zu strömen; das ist ein neuer Ton in dem unheimlichen Durcheinander von Geräuschen. Bin ich in eine Spukzelle hineingeraten? Menschen! Menschen! Laßt doch Menschen zu mir hereinkommen. Nicht dies, nicht diese Einsamkeit! «O Heiland, nimm doch diese Angst weg, diese Einsamkeit!» Ich fühle mich sehr krank. Meine Finger und mein Arm schmerzen. Ich weiß nicht, wie ich liegen soll. «Sicher in Jesu Armen, Heiland, ja nimm mich in Deine Arme und tröste mich», bete ich; und es kommt Friede in mein Herz. Das Gewirr der Geräusche ist weiter hörbar, aber ich schlafe ruhig ein.

Einsamkeit! Ich muß selber meine Kleider waschen und die Zelle fegen. Krank. Und niemand pflegt mich.

Die ersten Tage wird mir das Brot durch eine Luke zugeworfen, und hier und da bringen die Wärter in den Korridoren das Essen an meine Pritsche. Aber nach drei Tagen ist auch das vorbei.

Eines Tages kommt ein Sanitäter in meine Zelle, um Medizin zu bringen. «Lebt mein Vater noch?» frage ich ihn.

«Das weiß ich nicht, und wenn ich es wüßte, dürfte ich es nicht sagen», ist seine Antwort. Direkt nachher stürmt die Wachtmeisterin herein. «Wenn du es noch einmal wagst, dich beim Sanitäter über einen andern Gefangenen zu erkundigen, wird dir ein für allemal jede medizinische Hilfe entzogen.»

Meine Temperatur wird gemessen. Das Thermometer steigt aber nicht, obwohl ich Fieber habe. Das hat zur Folge, daß ich, wenn sie mir das Brot durch die Luke zuwerfen, hören muß: «Steh auf, du hast ja gar kein Fieber!» Es wird gerügt, daß ich immer auf der Pritsche liege. Das wird offenbar hier als große Sünde bewertet. Wenn die Temperatur gemessen wird, bleibt die Wachtmeisterin bei mir. Ich versuche in den paar Minuten ihrer Anwesenheit mit ihr in ein Gespräch zu kommen. Sie gibt keine Antwort. Es ist, als hätte sie kein menschliches Gefühl. Sie sind hart und grausam, diese Frauen. Es sind die einzigen menschlichen Wesen, die ich sehe. Warum müssen sie immer nur schelten und befehlen? Immer sage ich freundlich Guten Morgen, aber alles prallt an ihrem zornigen Wesen ab.

Man gewöhnt sich doch schnell an die Zelle. Wenn der Sorgengeist kommen will, fange ich an zu singen. Hin und wieder wird mir deswegen mit «kalter Kost» gedroht oder auch mit Dunkelzelle. «Kalte Kost» bedeutet, daß man den ganzen Tag mit Brot auskommen muß. Trotzdem lasse ich mich nicht aus dem Felde schlagen und singe immer wieder, obwohl es schmerzt, wenn ich ein Lied beginne und die kreischende Stimme der Wärterin dann plötzlich Stille gebietet.

Als ich zum ersten Mal baden darf, ängstigt mich das düstere Gebäude. Doch das Duschen ist herrlich! Ich habe von meinen Evangelien einige zu mir gesteckt, und als ich beim Bad warten muß, gelingt es mir, zwei davon Mitgefangenen in die Hände zu spielen. Ein paar Blätter stopfe ich in die Spalte eines Stuhles, die von den Gefangenen sofort gefunden werden.

Lange, lange Korridore. Viele Türen und hinter jeder Tür gefangene Menschen. Auf den Korridoren liegen Kokosmatten. Wir müssen daneben laufen. Auch eine Veränderung in meinem Leben! Aller Luxus, aller Wohlstand wurde mir bisher gegönnt. Hier darf ich nicht einmal auf den Korridorteppichen laufen.

Sobald nach dem Baden die Zellentüre hinter mir wieder geschlossen wird, überkommt mich ein wohltuend sicheres Gefühl. Meine Zelle. Allein. Weg von allem. Mein kleiner Tisch, meine Schlafstelle, meine schmutzigen Decken. Und die Tür zwischen mir und dem großen Gebäude.

Trost in der Zelle

Ich bin weiterhin in Einzelhaft. Draußen scheint wieder die Sonne. Ein Vogel zwitschert. Der Frühling muß nun bald kommen. Durch die achtundzwanzig Gitterquadrate vor dem Fenster erblicke ich leichte, goldumränderte Abendwölkchen. Und jetzt gaukelt meine Phantasie mir die schönsten Bilder vor: ich sehe das weite Meer, ja, ich höre es sogar rauschen, denn es ist Westwind, und das Gefängnis liegt ganz nahe an der Nordseeküste. Ich bin allein in der Einsamkeit der Zelle, aber um sie herum ist das große Gefängnis, und das wiederum liegt in der weiten Welt, wo Vögel frei und ungehindert umherfliegen und das Meer rauscht. Und in dieser Welt leben Menschen, die an uns Häftlinge denken.

Das Rote Kreuz-Paket steht draußen neben der Zellentür. Es schafft eine Verbindung zu den freundlichen Menschen, die uns vielleicht später befreien werden. Für alle Gefangenen ist der Mittwoch jeder zweiten Woche ein Freundentag, der uns neuen Mut gibt.

Da kommt die Wärterin, und ich darf das Paket an mich nehmen. Ich packe es aus. Lauter schöne Dinge kommen zum Vorschein, liebevoll zusammengestellt von Menschen, die Verständnis für das haben, was wir brauchen und worüber wir uns besonders freuen. Wird dies das letzte Paket sein? Werden wir vielleicht in vierzehn Tagen nach Hause gehen können? Jede Woche stellt man sich die gleiche Frage.

Keks, Sahnebonbons, eine kleine Pastete. Aber plötzlich kann ich mich kaum darüber freuen. Wie trostlos ist es, niemandem etwas abgeben zu können. Es kommt mir der Gedanke, der Wärterin davon anzubieten, ich verwerfe ihn aber im gleichen Augenblick wieder. Sie könnte es als Bestechung auffassen, und außerdem bekommt sie ja wohl alles das in Hülle und Fülle, was für uns einen seltenen Genuß bedeutet. Ich glaube, daß ich später — wird es überhaupt ein «Später» geben? — nie mehr für mich allein etwas naschen werde. Wenn ich dann etwas zu knabbern habe, wird mir unwillkürlich immer wieder der Gedanke kommen an Zelle 384, wo ich gezwungen war, die liebevoll gespendeten Gaben allein zu genießen.

Es wird dunkel in der Zelle. Ich spreche mit dem Heiland.

Diesen innigen Umgang habe ich früher nicht gekannt. Ich hoffe inbrünstig, daß es so bleiben möge.

KRANK

Wenn man krank ist, ist man überempfindlich. Man möchte so gut wie möglich gepflegt und betreut werden. Mein Arm schmerzt manchmal so schlimm, daß ich nicht einschlafen kann. Ich weiß nicht, wie ich mich hinlegen soll. Meine spärlich mit Stroh gefüllte Matratze ist unbequem. Manchmal liegt sie gut, und ich kann herrlich darauf ausruhen; meistens aber ist sie dünn, wo sie dick sein sollte, und umgekehrt. Dann stehe ich wohl viermal nachts auf, um meine Matratze umzukehren. Die saure Staubluft kratzt in meiner Kehle, und ich muß aufpassen, denn sobald ich huste, kommt Blut. Manchmal bedecke ich die Matratze mit der längeren Hälfte meiner Decken, um die stinkende Luft etwas abzuschließen. Das Kopfende der Matratze lehne ich gegen die kalte, steinerne Mauer. Das kleine Strohkissen ist schwül-warm und schmutzig. Ich werfe eine der Decken über mich, die andere stinkt arg und muß soviel als möglich von meiner Nase ferngehalten werden. Aber die Zelle ist kalt. Manchmal habe ich des Nachts Mitleid mit mir. Dann zähle ich eine ganze Reihe Klagen auf, die ich dem Arzt oder der Wachtmeisterin äußern will, und doch weiß ich, daß ich es nicht tun werde. Von all den Dingen, um die ich gebeten hatte, habe ich bis jetzt nichts bekommen. Wenn ich nur ein Leintuch und noch eine Matratze hätte und Decken und Kissen. Der Schmerz in meinem Arm wird heftiger. Zuerst bekam ich Tabletten; die bekomme ich nun nicht mehr, aber dafür eine Flüssigkeit in einer ekelhaften Flasche mit schwarzem Kork. Nach dem Essen muß ich es einnehmen, aber manchmal nehme ich mittags und nachts einen Löffel davon. Das Mittel wirkt betäubend.

Das Notwendigste fehlt mir. Eine Zahnbürste konnte ich nicht mitnehmen. Ein Handtuch bekomme ich. Die Kleider, die ich trage, wasche ich jeweils abwechselnd selbst. Denn ich habe keine zweite Garnitur Unterwäsche. Als Tafelservice habe ich einen hölzernen Löffel, ein hölzernes Messerchen, einen emaillierten Becher. Ein Fischbein aus meinem Korsett schleife ich so lange an der Mauer, bis ich damit gut schneiden kann. Noch nie habe ich so etwas Schmutziges gesehen wie den Lappen, der unter dem Aufklapptisch hängt; soll der zum Geschirrtuch bestimmt sein? Nicht einmal berühren möchte ich ihn. Auch steht da ein Papierkorb ohne Boden. Das Abwaschbecken rinnt. Der Bügel des «Kübels» klemmt so sehr, daß ich ihn mit meinen geschwächten Händen kaum bewegen kann.

An einem Nagel an der Wand hängt mein Pelzmantel. Die Sonne scheint durch das Gitterfenster in meine Zelle. Jetzt lebe ich hier schon sechs Wochen und bin noch nie an die Luft gekommen. Das Fenster ist hoch über der Tür. Langsam kommen die Sonnenflecken so tief, daß ich sie mit der Hand berühren kann. Jetzt stehe ich auf und stelle mich dicht an die Wand, mein Gesicht der Sonne zugewendet. Ich bewege mich langsam immer den Sonnenstrahlen nach, bis ich — auf meiner Pritsche stehend — die letzten Strahlen auffangen kann. Ich hungere nach Sonne, nach Freiheit, nach meinem Heim und kann mich nur schwer damit abfinden, daß Gott mich hierher geführt hat.

«LÜFTEN»

Nach sieben Wochen zum ersten Mal draußen! Durch das Gartentor — sonst fest verschlossen und verriegelt — gelange ich in den Gefängnishof, und dort bin ich allein. Blühende Sträucher, Primeln in vielen Farben, Gras, Dünensand und der weite blaue Himmel. Meine Beine, der Bewegung ungewohnt, schmerzen, aber ich laufe immerzu, immer um das mittlere Beet herum. Ich trinke das Licht und die Farben in mich hinein, mein Herz klopft vor innerer Erregung. Mit einem Male aber erfaßt mich eine unbeschreibliche Wehmut. Ich sehe die Farben nur noch durch einen Schleier von Tränen. Eine innere Einsamkeit, stärker noch als in der Zelle, ergreift Besitz von mir. Plötzlich sehe ich in dem Garten keine Schönheit mehr, sondern nur Grausamkeit und Tod.

«Und Henoch wandelte mit Gott», muß ich denken. Henoch hatte kein Heimweh, als Gott ihn auf seinem Wege begleitete. Dieser Gedanke tröstet mich und nimmt das Einsamkeitsgefühl von mir. Ich bin nicht mehr allein. Gott ist bei mir. Mit Ihm setze ich meinen Weg fort, und jetzt sehe ich auch wieder den blauen Himmel, die Blumen und Sträucher. Der öde Gefängnishof erscheint mir wieder als ein Stück der großen freien Welt, wo es auch mir einmal wieder vergönnt sein wird zu leben. Ich denke: Die Erde gleicht einem Einzelhaftgarten, der Himmel dagegen ist die große Freiheit, wo den Kindern des Lichts ungetrübte Freude zuteil wird.

Kinder in Gefangenschaft

Ein Kind — in Begleitung seiner Tante — wird in die Zelle neben mir gebracht. Eine halbe Stunde lang klingt das klägliche Stimmchen: «Pappi! — Ich will zu meinem Pappi...»

An diesem Abend erscheint mir das Leben in der Zelle doppelt trostlos und hoffnungslos dunkel. Am nächsten Tage aber singt die gleiche Kinderstimme: «Glöcklein klingt, Vöglein singt.» Über alles Leid erhebt sich jetzt die liebliche Stimme und lenkt unsere Gedanken auf des Herrn Lob und Preis. Zuvor hatte die Zelle zwei noch kleinere Kinder beherbergt. Den ganzen Tag ertönten ihre hellen Stimmchen: «Gelt, Mammi...?» Es krampfte einem das Herz zusammen.

Kinderstimmen und Kinderlachen erscheinen hier so völlig fehl am Platze. Dennoch leiden die Kleinen nicht unter dem Leben in der kalten, trostlosen Zelle. Sie bleiben vergnügt. Und dann in der Nacht holt sie die Wachtmeisterin. Sie werden fortgebracht. Wohin? Den nächsten Tag ist es still und leer um uns herum.

Das Verhör

Die Stille lastet auf mir. Träge schleicht die Zeit vorbei. Ganz anders als früher. Immer hatte ich zu tun. Kaum eine Minute, die ich mit Nichtstun verbrachte. Und jetzt?... Wenn meine Strafzeit um ist, werde ich frei sein, also gibt es jetzt nur ein einziges Ziel: die Zeit so rasch wie möglich hinter mich zu bringen. Nur Tätigkeit kann mir dabei helfen.

Man hat mir von zu Hause ein buntes Frottiertuch geschickt; ich ziehe die Fäden heraus und besticke meine Kleider damit. Die Jacke meines Schlafanzuges wird mit allerhand bunten

Motiven geschmückt: ein Alpenveilchen, eine Katze, Fliegen, immer mehr fällt mir ein beim Arbeiten. Auf dem Schlafanzug entsteht ein farbiges Bild, das mir Spaß macht. Die Arbeit lenkt mich ab, und die Tage vergehen ziemlich rasch. Wenn ich singe, lege ich die Handarbeit nieder: es käme mir wie «Verschwendung» vor, zwei Dinge zu gleicher Zeit zu tun!

Ich liege jetzt meistens auf der Pritsche. Rücken und Arme schmerzen sehr, und ich fühle mich schwach. Der Arzt untersucht mich oft und sagt: «Ich werde Ihnen Bescheid sagen, wenn Sie Tuberkulose bekommen.» Ich antworte: «Es ist gleichgültig, ob Sie es mir rechtzeitig oder erst ein paar Wochen später mitteilen. Viel wichtiger wäre es, etwas zu unternehmen, daß es erst gar nicht so weit kommt. Verschreiben Sie mir frische Luft, Sonne, Bewegung und zusätzliche Nahrung.» Ich bekomme Brei und etwas mehr Brot und Butter durch das Rote Kreuz.

Eines Tages höre ich den Schlüssel klirren: Die Zellentür öffnet sich, und neben Schenk, der Wachtmeisterin, tritt ein Offizier ein. Er sieht sich in der Zelle um und setzt sich dann auf den Hocker neben der Pritsche.

Mich blenden die vielen Farben an seiner Uniform: Sterne, Orden und an seiner Mütze ein weißer Totenkopf. Komisch, daß ich alle diese Einzelheiten sofort in mich aufnehme. Die Uniform hat einen tadellosen Schnitt und sitzt wie angegossen. Habe ich «Farbenhunger»? Ich schaue dem Besucher nicht ins Gesicht, sondern starre nur auf die Uniform, die mich geradezu fasziniert.

Schenk ist kriecherisch höflich dem hohen Vorgesetzten gegenüber, aber ich bin weiter gar nicht beeindruckt und fange ein Gespräch mit ihm an. Ich spreche deutsch und er holländisch, und dann lachen wir beide, weil jedes die Sprache des anderen kennt und so übertrieben höflich ist. Er fragt mich einiges über meine Schicksalsgenossen, die in unserem Hause zusammen mit mir verhaftet worden sind.

Plötzlich sehe ich mich selbst. Ich habe zwar keinen Spiegel, aber mir kommt es mit einem Male zum Bewußtsein, wie ungepflegt und unordentlich ich aussehen muß. Ich liege im Unterkleid, und meine nackten Arme sind mager. Meine Fingernägel sind viel zu lang. Oft habe ich um eine Nagelschere gebeten, man hat sie mir aber nie gebracht. Die schmutzigen, übelriechenden Decken bedecken mich nur halb, ein Leintuch fehlt ganz. Ich spüre den Gegensatz zu dem tadellos gepflegten Äußeren meines Besuchers. Wie armselig sehe ich aus, in Lumpen wie eine Bettlerin. Dennoch fühle ich mich als «Gastgeberin», und ich unterhalte mich mit weit größerer Selbstverständlichkeit als die beiden anderen, denen es anscheinend nicht besonders behaglich dabei zumute ist. Sind meine Antworten vernünftig? Ich weiß es nicht. Ich bitte den Offizier, die übrigen alle, die mit mir zusammen eingesperrt worden sind, doch bald freizulassen. Sie hätten mit meinen Angelegenheiten nichts zu tun.

Dann fragt er plötzlich: «Fühlen Sie sich kräftig genug, zum Verhör zu erscheinen?» Es mutet mich seltsam an. Diese Frage und der Ton, in dem sie gestellt wird, gehören in mein früheres Leben und nicht ins Gefängnis, wo nur befohlen und geschnauzt wird. «Gewiß, es wird gehen», stammle ich verwirrt, und es ist, als ob ich jetzt dieses Verhör herbeisehne.

Dann ist er fort, und ich liege wieder allein. Mit großer Verwunderung denke ich an diesen Besuch zurück, der meine Gedanken auf das Gefährlichste, was einem hier widerfahren kann, gelenkt hat. Nein, es wird keine erfreuliche Unterhaltung sein. Ein Verhör ist entsetzlich. Wenn eine Gefangene aus unserer Zellenreihe geholt wird, um vor dem Sachbearbeiter oder dem Richter zu erscheinen, dann erleben alle die Angst mit. Dann geht es wie ein Lauffeuer (durch kleine Löcher oder Ritzen in der Wand) von Zelle zu Zelle: «Weißt du es schon? Nummer 322 ist zum Verhör geholt.» Und dann beten alle, die beten können, für sie. Kommt sie dann zurück, dann klingt es flüsternd von allen Seiten: «Wie war es? Hast du gestehen müssen? Hast du jemand verraten? Bist du geschlagen worden?» Und nun ist die Reihe an mir.

Es vergeht noch einige Zeit, bis es soweit ist, länger als ich geglaubt hatte. Zwei Monate bin ich schon im Gefängnis, als mir endlich befohlen wird, mich anzuziehen und mitzukommen. Wir gehen durch endlos lange Gänge, durch einen Büroraum und schließlich durch das äußere Gefängnistor hinaus. Dort erwartet mich der gleiche Offizier, der in meiner Zelle gewesen ist. Es stellt sich heraus, daß er der für mich zuständige «Sachbearbeiter» ist. Wir treten in einen der an die Außenmauer des Gebäudes angebauten kleinen Räume ein.

«Frieren Sie? Warten Sie, ich werde den Ofen heizen: Sie sind krank, wir müssen aufpasssen, daß Sie sich nicht auch noch erkälten.» Wieder der freundliche, normal-menschliche Ton. Es erschüttert mich mehr, als ich es mir eingestehen möchte. Hat er irgend etwas dabei im Sinn? Will er mich gefügig machen und aus mir herausholen, was ich nicht erzählen will?

Ich bete: «O Herr, behüte die Tür meiner Lippen!» Ich bin aufs äußerste gespannt und klammere mich fest an die Sessellehnen. Schon, daß ich wieder einmal auf einem Stuhl sitze, ist ungewohnt.

Und dann beginnt mein Sachbearbeiter in seiner flotten Uniform tatsächlich den Ofen zu heizen. Mit den Händen faßt er die Anthrazitstücke aus dem Kohlenkasten. «Sie müßten sich zum Geburtstag eine Kohlenschaufel wünschen», sage ich zu ihm, und als er sich die Hände an den Hosenbeinen abreibt: «Das müßte Ihre Frau einmal sehen!»

Es ist, als ob ich irgendwo zu Besuch wäre. Wir sprechen über die Blumen im Garten: einige kümmerliche Tulpen an der Gefängnismauer. Sie können dort kaum gedeihen, es ist viel zu windig, aber sie bilden einen Farbfleck. «Ich habe sie selbst eingesetzt, die Aussicht war gar zu öde», meint er. Dann nimmt er hinter dem Schreibtisch Platz.

«Erzählen Sie mir bitte jetzt wahrheitsgemäß, was Sie getan haben», fordert er mich auf. «Vielleicht kann ich etwas, vielleicht sogar sehr viel für Sie tun. Sie dürfen dann aber auch nichts verschweigen.» Ich wappne mich. Da haben wir es. All seine Freundlichkeit hat nur den Zweck, mich zu erweichen und mir Vertrauen einzuflößen. Ich weiß aber, daß das Leben von Menschen auf dem Spiele steht, wenn ich mich dazu verleiten lasse, Namen zu nennen.

Ich bin geübt im Aussagen beim Verhör. Mit den Untertauchern haben wir manchen Abend damit verbracht, uns gegenseitig zu «verhören». Meine Leute waren sehr intelligent, und sie schonten Tante Corrie nicht. Ich wußte, daß die Verhöre häufig in der Nacht stattfanden. Deshalb hatte ich eines Tages einen jungen Lehrer, der meistens erst zu Bett ging, wenn ich schon lange schlief, gebeten, mich einmal zu wecken und zu verhören. Das erste Mal waren meine Antworten hoffnungslos dumm. Mein Partner hatte aber viel Ausdauer, und es wurde allmählich ein Sport daraus, die Antworten möglichst treffsicher zu formulieren. Nach ungefähr zehn Probeverhören meinte er: «Jetzt klappts, Sie haben Ihr Examen bestanden!»

Damals war es nur ein Spiel, wenn auch ein ernsthaftes, weil die drohende Wirklichkeit dahinter auf der Lauer lag. Jetzt aber hatte das Spiel aufgehört, und es galt, sich möglichst klug zu verhalten.

Ich komme mir vor wie jemand, der nach einer Periode angestrengtester Arbeit in einer Prüfung Fragen aus dem allerersten Übungsheft vorgelegt bekommt.

Mein Gegenüber denkt anscheinend, daß unser Haus ein Zentrum für Überfälle auf Kartenstellen gewesen ist. Ich habe viel Illegales auf dem Gewissen, mit Überfällen auf die Kartenverteilungsstellen habe ich aber nur indirekt zu tun gehabt. Meine Antworten überzeugen ihn anscheinend, daß ich in dieser Hinsicht schuldlos dastehe.

Dann muß ich von meiner Jugend erzählen. Wozu, das begreife ich zwar nicht, aber es beruhigt mich, daß ich jetzt nicht bei jedem Satz angestrengt nachzudenken brauche.

«Was treiben Sie in Ihrer Freizeit?» fragt er mich dann. Ich erzähle ihm von meiner Evangelisationsarbeit unter Schwachsinnigen in Haarlem. «Finden Sie nicht, daß Ihre Zeit dafür zu kostbar ist? Es hat doch viel größeren Wert, Gesunde zu bekehren als Schwachsinnige?» Typisch nationalsozialistisch, denke ich. Laut sage ich: «Beim Herrn Jesus gelten andere Normen als bei uns Menschenkindern. In der Bibel lernen wir ihn kennen als einen, der große Barmherzigkeit und Liebe hat für alles Verlorene und Verachtete, für alles, was klein, schwach und arm ist. Vielleicht ist in den Augen des Herrn ein Schwachsinniger mehr wert als Sie oder ich. Jeder Mensch hat Wert in seinen Augen. Seine Liebe umfaßt uns alle.»

Der Offizier schweigt. Es ist deutlich zu sehen, daß er darüber nachdenkt. Plötzlich sagt er kurz: «Für heute sind Sie fertig.» Er geht mir voran durch das Gefängnistor und durch die langen Korridore. Er ist merkwürdig kurz angebunden, ganz anders als zuvor. Die Zellentür schließt sich hinter mir, und ich bin wieder allein.

«Wie ist es gegangen?» «War es schlimm?» «Hast du Namen genannt?» Voller Angst kommen die Fragen durch die schmalen, kaum wahrnehmbaren Ritzen unter meinem Tisch.

Ich kann meine Zellennachbarn beruhigen. «Nein, es war gar nicht schlimm.» Ich berichte über das Heizen und erzähle einiges von dem gar nicht strengen Verhör.

«Unglaublich! Sieh dich nur vor! Traue ihm ja nicht. Benutze alle deine Zeit, um darüber nachzudenken, was du beim nächsten Verhör sagen sollst.» Der gleiche Rat ist mir schon bei meiner Ankunft in der Zelle erteilt worden. Damals habe ich erwidert: «Das ist nicht nötig. In der Bibel steht eine Verheißung, daß Gott uns, wenn wir vor Könige und Richter gestellt werden, durch seinen Geist eingeben wird, was wir zu antworten haben.» Eine meiner Zellengenossinnen meinte darauf: «Nun gut, bei weniger wichtigen Angelegenheiten kannst du ja immer auf Gott vertrauen, aber bei so etwas Wichtigem wie einem Verhör würde ich mich doch lieber auf meine eigene Intelligenz verlassen.» Wie wenig wissen diejenigen, die den Herrn nicht kennen, von der großen Ruhe, die einen umfängt, wenn man sich vom mächtigen Heiland geführt weiß. Ich gebe auch jetzt wieder die gleiche Antwort wie damals.

Später, als ich auf meiner Pritsche ausgestreckt liege, überlege ich, daß mein Glaube mich nicht getäuscht hat. Alles ist bis jetzt gut gegangen, und ich kann voller Zuversicht weiter auf den Herrn bauen.

Am anderen Morgen werde ich schon zeitig aus der Zelle geholt. Mein Sachbearbeiter steht selbst im Korridor und nimmt mich in Empfang. Heute bringt er mich nicht in das Verhörzimmer, sondern unterhält sich mit mir im Garten, wo gerade die Sonne scheint.

«Sie bekommen viel zu wenig Luft und Sonne. Wir können das Verhör ebensogut hier fortsetzen.»

Sein Entgegenkommen bewegt mich. Es ist, als ob die Haft mit einem Male weniger schwer zu ertragen ist, weil ein Mensch da ist, der mich nicht anschreit, sondern vielmehr darüber nachdenkt, was mich erfreuen und mir meine schwere Lage erleichtern könnte.

Er lehnt sich an die Hausmauer und sagt: «Ich habe die ganze Nacht nicht schlafen können. Immer mußte ich an das denken, was Sie mir über Jesus gesagt haben. Bitte erzählen Sie mir noch mehr von ihm.»

Hier steht ein hoher Offizier, einer der Machthaber von

heute, einer, der über das Leben anderer zu entscheiden hat. Aber ein kleiner Mensch, den Gott mit Seinem Finger berührt und der seine eigene Armut erkannt hat.

«Jesus Christus ist ein Licht, das in die Welt gekommen ist, damit jeder, der an Ihn glaubt, nicht in der Finsternis bleibe. Ist in Ihrem Leben viel Finsternis?» frage ich.

«Es ist sehr dunkel in meinem Leben. Wenn ich abends schlafen gehe, wage ich nicht, an den Augenblick zu denken, wo ich wieder aufwachen muß. Morgens habe ich keinen Mut, den neuen Tag zu beginnen. Ich hasse meine Arbeit. Ich habe eine Frau und Kinder in Bremen. Ich weiß nicht, ob sie noch am Leben sind oder etwa diese Nacht von Bomben getötet wurden. Wer kann es wissen? Finsternis? Ja, die gibt es in meinem Leben.»

«Jesus hat am Kreuz auch Ihre Sünden auf sich genommen. Sie müssen sich Ihm völlig hingeben, dann kommt auch für Sie das Licht. Für Jesus ist keine Finsternis zu dunkel, Er kann sie vertreiben.»

Lange sprechen wir miteinander über die ewigen Dinge. Nachher gehen wir wieder ins Verhörzimmer, und als endlich das Protokoll fertig ist, unterschreibe ich es. Zuerst liest er mir vor, was er geschrieben hat. Bemerkenswert ist der Schluß: «Sie beabsichtigt das, was sie bisher getan hat, auch in Zukunft wieder zu tun, denn sie möchte allen, die sie um Schutz oder Hilfe bitten, ganz gleich, zu welcher Rasse oder zu welchem Volk sie gehören, helfen. Sie will dies tun, weil sie dem Gebot Christi gehorcht: Gott und den Nächsten zu lieben.»

Als er mich in die Zelle zurück führt, sagt er plötzlich: «Ich verstehe nicht, daß Sie an die Existenz eines Gottes glauben können. Wie kann es sein, daß Er es zuläßt, daß ein guter Mensch wie Sie in die Zelle gesperrt wird?»

«Gott irrt sich nie. Vieles werden wir erst später begreifen. Für mich ist das überhaupt kein Problem. Gott will, daß ich eine Zeitlang völlig allein mit Ihm bin», antworte ich.

Nachdem ich einige Tage lang in dieser Weise verhört worden bin, kommt Betsie an die Reihe. Sie hat nicht viel zu beichten. Ich selbst habe viel mehr auf dem Gewissen. Sie weiß nur von der Judenhilfe. Dennoch dauert das Verhör vier Tage. Es ist ein einziges Glaubenszeugnis. Als sie am ersten Tag fertig ist, sagt sie zu ihrem Sachbearbeiter: «Es war sehr wertvoll, über diese Dinge zu sprechen, weit wichtiger aber ist es zu beten. Haben Sie etwas dagegen, wenn wir miteinander ein Gebet sprechen?»

«Nein», sagte der Offizier, «tun Sie es nur.» Und dann betet Betsie mit ihm. Sie ist so voll kindlicher Einfalt. Auch an den drei weiteren Tagen schließt das Verhör mit ihrem Gebet.

Als Peter, der jüngste Sohn meiner anderen Schwester, verhört wird, kommt das Gespräch auf das gleiche Thema. «Was denkst du», fragte der Sachbearbeiter, «glaubst du, daß nach dem Kriege eine bessere Zeit kommt?»

«Nein, erst dann, wenn Jesus wiederkommt. Dann wird alles besser, vorher nicht.»

«Darin könntest du wohl recht haben.»

Dann fragt Peter: «Haben Sie sich darauf vorbereitet?» Der Sachbearbeiter schweigt.

Nachdem wir verhört worden sind, werden fast alle, die mit uns verhaftet wurden, aus dem Gefängnis entlassen. Einer der jungen Leute, Betsie und ich aber müssen dableiben. Wie unser Urteil lautet, erfahren wir nicht.

Der erste Brief

Eines Tages liegt in der Türluke ein Brief für mich. Hastig ergreife ich ihn und bin so nervös wie nie zuvor. Die erste Verbindung mit daheim! Ich habe immer versucht, nicht zu oft an zu Hause zu denken. Jetzt werde ich erfahren, wie es dort geht. Es ist ein Brief meiner verheirateten Schwester, die inzwischen aus der Haft entlassen ist. Alle sind jetzt frei bis auf Vater, Betsie und mich. Ich fange an zu lesen:

«Bitte, liebe Corrie, du mußt jetzt sehr tapfer sein. Ich muß dir etwas sehr Schmerzliches mitteilen: Vater hat seine Verhaftung nur um zehn Tage überlebt. Jetzt ist er wahrhaft daheim.»

Obgleich ich es mir eigentlich hätte denken können, trifft mich der Schlag dennoch unvorbereitet. Niemand hat uns etwas über Vater mitgeteilt, obwohl wir doch in seiner Nähe lebten. Die Nachricht kommt so plötzlich, und ich breche in Tränen aus. Es ist das erste Mal, daß ich weine. Eine Sehnsucht nach Menschen überhaupt überkommt mich und veranlaßt mich, eine der Wachtmeisterinnen herbeizurufen. Ich drücke die Alarmglocke, wobei immer mit viel Krach ein kleines Brett herunterfällt.

«Mopje», eine kleine, ziemlich menschliche Wärterin, kommt an die Türluke. «Bitte, kommen Sie doch einen Augenblick herein, ich habe eben Nachricht erhalten, daß mein Vater gestorben ist. Lassen Sie mich bitte nicht allein.» «Warten Sie, ich komme gleich», lautet die Antwort. Sie ist bald wieder da, eine Medizinflasche in der Hand: ein Betäubungsmittel. Als ich mich weigere, sie einzunehmen, kommt sie in die Zelle. Zuerst schweigt sie etwas betreten, doch dann legte sie los: «Hättest du nichts verbrochen, dann brauchtest du jetzt nicht hier zu sitzen und wärst bei deinem Vater gewesen. Dann wäre er nicht so einsam gestorben. Es ist alles deine eigene Schuld. Weine nur nicht. Du kannst dich freuen, daß er so alt geworden ist! Mein Vater war sechsundfünfzig, als er starb.» Welch ein Trost! «Die Barmherzigkeit der Gottlosen ist grausam», denke ich. Ich bin froh, daß sie bald wieder geht. Wie töricht war es von mir, einen Menschen herbeizuwünschen!

Briefe aus der Zelle

E. ten Boom, Zelle 312.
Liebe Nollie. Es geht mir sehr gut. Seit meinem letzten Brief vom 14. April geht alles viel besser. Sowohl körperlich als seelisch fühle ich mich wohl. Die Atmosphäre in der Zelle ist wirklich schön. Meine Seele ist ganz ruhig. Die Erschütterungen der letzten Monate habe ich gut überstanden. Ich habe mich darin geübt, meine Gedanken fast völlig auf die Zelle und ihre Insassen zu konzentrieren und erlebe alles, was ihnen widerfährt, intensiv mit. Die Psalmen und Gesänge, die ich auswendig kann, sind mir ein großer Trost. Von manchen kenne ich nur Bruchstücke, an denen ich mich aber trotzdem innig erfreue. So bin ich während der langen Wartezeit allmählich zur Ruhe gekommen.

Am 28. April ist eine neue Gefangene – ebenfalls aus Haarlem – in unsere Zelle gekommen. Ich habe mich mit ihr viel über unsere Stadt unterhalten. Wodurch mir wieder so vieles aus unserem Familienleben lebendig wurde. Und dann kam am Mittwoch Dein Brief. Wie habe ich mich gefreut!

Donnerstag, Freitag, Samstag und Montag wurde ich verhört. Das Protokoll habe ich am Montag unterschrieben. Das Verhör war ein einziges Wunder. Eure Gebete hüllten mich wie immer ein. In jeder, dem jeweiligen Verhör vorangehenden Nacht hat mir der Herr eingegeben, was ich sagen sollte. Es war kein Verhör, sondern ein wunderbares Gespräch über den Herrn Jesus. Selbstverständlich mußte ich die Triebfeder unseres Tuns erläutern, und dadurch war ich in der Lage, Zeugnis abzulegen von der Liebe und dem Sühnopfer des Heilandes. Das tue ich auch in der Zelle immer.

Ich habe gleich erfahren, daß Peter und Willem frei sind und daß Vater am 10. März in die Ewigkeit eingegangen ist. Er ist wahrhaft befreit! Der Herr führt mich von Stunde zu Stunde. Das gibt Mut und Zuversicht. Jetzt gilt es nur zu warten. Immer nur zu warten. Und ich sehne mich so nach Euch, nach der Befreiung und nach Arbeit. Ich schlafe so viel wie sonst nie in meinem Leben. Die Freundschaft in unserer Zelle ist so, daß ich meine sämtlichen Zellengenossen, jede einzelne, auf später in unser Heim eingeladen habe! – Zum Glück bekomme ich immer Brei. Auch drei Spritzen habe ich bekommen. Es lebe das Rote Kreuz! Denke nur immer daran: Danken und Beten.

Eure Betsie.

C. ten Boom, Zelle 384.

Liebe Nollie und Ihr Lieben alle. Am 3. Mai habe ich Deinen Brief erhalten. Zuerst war ich sehr traurig, aber jetzt bin ich getrost. Vater kann jetzt singen:

«Dank, Lob und Ehre sei Dir, o mein Herr,
Ich kann Dich nicht missen, Du verläßt mich nicht mehr.»

Und wie schön wird seine Stimme klingen! Es ist wunderbar für ihn. Wenn ich an die neun schlimmen Tage seiner Gefangenschaft denke, «schalte» ich rasch «um» und denke nur noch daran, wie glücklich er jetzt ist. Er wird jetzt die Lösung aller Probleme und Schwierigkeiten kennen.

An meiner Zellenwand steht geschrieben: «Not lost, but gone before» (Nicht verloren, sondern nur vorangegangen). Vater wird in meinem Leben eine große Lücke hinterlassen.

Für die Liebe und Hilfe, die ich ihm geschenkt habe, wird der Herr schon ein neues Absatzgebiet finden. Aber das, was er mir gab, ist durch nichts zu ersetzen. Welch eine Gnade, daß wir ihn so lange gesund in unserer Mitte behalten durften und daß wir uns so bewußt und dankbar seiner erfreut haben! Die letzten Tage war eine quälende Spannung in mir, und wenn man so allein ist, fällt es oft schwer, den trüben Gedanken zu entfliehen. Jetzt ist alles wieder gut, und ich denke oft an die Zukunft! Ich mache Pläne und bin völlig ruhig. Wie gut ist doch der Heiland zu mir! Er hilft nicht nur tragen, sondern trägt selber mit.

Mein Protokoll ist unterschrieben. Ich hoffe sehr, daß ich in diesem Monat nach Hause komme, auf jeden Fall aber zu der Zeit, die Gott für richtig hält. Bitte, Nollie, quäle Dich nicht mehr mit trüben Gedanken darüber, daß ich allein bin: der Heiland ist immer bei mir. Alles schenkt er mir im Überfluß. Ja, Nollie, Dein Weg ist schwer, aber der Herr wird Dir ein starkes Herz schenken, daß Du dies alles wirst tragen können. Ich bete oft für Dich. Tut es auch für mich. Lebt wohl, meine Lieben alle, Gott segne Euch.

Macht Euch nur ja keine Sorgen. Ich fühle mich verhältnismäßig wohl. Das Verhör war durchaus nicht schlimm. Der Herr gab mir Ruhe und Freimut, Zeugnis für Ihn abzulegen. Ich fürchte nichts. Der Heiland läßt mich nie im Stich, auch hier nicht.

Eure Corrie.

GESELLSCHAFT IN DER ZELLE

Nah an meiner Zellentür entdecke ich Ameisen. Jeden Tag lege ich ihnen Brotkrumen hin: Ich bekomme ja jetzt zusätzlich Brot vom Roten Kreuz. Diese Zuteilung ist jeden Tag von neuem eine kleine Freude. Meistens ist sogar eine Überraschung dabei: einmal eine halbe Rolle Pfefferminz, ein andermal zwei Lutschbonbons. Ob die Rote-Kreuz-Leute ahnen, wie ihre kleinen Aufmerksamkeiten mir wohltun? Der Geist, der daraus spricht, steht in so krassem Gegensatz zu dem meiner Wächter. Einmal ist das Brot sogar mit Ei belegt! Die Krumen, die ich auf den Boden streue, werden von den Ameisen sichtlich «mit Begeisterung» aufgenommen. Eierkrumen, sechsmal größer als sie selbst, schleppen sie an der Wand empor zu einem etwas locker sitzenden Stein an der Tür. Ich könnte stundenlang zusehen, und wenn ich saubermache, gebe ich gut acht, daß ich den kleinen Ameisen nicht ins Gehege komme. Ich liebe meine «Mitbewohner».

Die Einsamkeit ist schwer zu ertragen. Es ist schon eine Strafe für sich, niemals jemand anderen zu sehen als nur die mürrischen, gehässigen Wärterinnen. Stelle ich meinen «Kübel» hinaus, dann werden die Türen der benachbarten Zellen ängstlich geschlossen gehalten, damit ich nur ja keine meiner Leidensgenossinnen zu Gesicht bekomme. Warum nur diese Heimlichtuerei?

Eines Tages wird die Tür geöffnet, und eine jüdische Dame kommt zu mir in die Zelle. Erfreut begrüße ich sie und versuche, ihr über die allerschwersten ersten Stunden hinwegzuhelfen. Sie hat nichts bei sich, und ich überlasse ihr einen Teil meiner Garderobe, die inzwischen durch Pakete von zu Hause ergänzt worden ist. Wie beglückt es mich, einen Menschen in meiner Nähe zu haben! Wir unterhalten uns fast ununterbrochen. Am ersten Tage strengt mich das Reden maßlos an: Ich bin es nicht mehr gewohnt. Sie ist ein lieber Mensch, aber von Sorgen gequält und sehr niedergedrückt. Ihr Mann, den sie Tag und Nacht betreut hat, ist zuckerkrank.

«Er braucht mich so notwendig», jammert sie. «Man wird ihm die Insulinspritzen vorenthalten, und dabei habe ich das Insulin im Koffer.»

Ich kann sie nur mit Mühe daran hindern, zu läuten und um ihre Koffer zu bitten. Ich weiß, daß sie sie nie mehr zu sehen bekommt, aber sie kann es nicht fassen. Sie erzählt stundenlang von dem Luxus, den sie hat zurücklassen müssen. Es ermüdet mich zwar, aber trotzdem genieße ich ihre Gegenwart sehr. Es ist doch wieder jemand da, den man umsorgen und lieben kann. Gerade an jenem Tage erhalte ich ein Päckchen und kann nun den Inhalt mir ihr teilen. Es wurde mir immer sehr schwer, mich allein zu freuen und die Leckerbissen allein zu genießen. Die Mahlzeiten sind jetzt fast gemütlich. Im Vergleich zu mir ist sie ein vollkommener «Neuling», und ich muß sie über das Gefängnisleben aufklären.

Einige Tage später wird sie zum Verhör geholt, und danach lebt sie in ständiger Angst vor dem nun sicher folgenden Transport. Einmal sehe ich sie am Tisch sitzen, die Arme über die Tischplatte gelegt, den Kopf vornübergebeugt. Sie jammert leise.

«Werden sie mich vergasen oder zu Tode martern?» fragt sie.

Ich möchte versuchen, sie auf die Liebe Gottes hinzuweisen, aber sie ist keinem Trostwort zugänglich.

Zwar bin ich nun nicht mehr einsam, aber ich bin zusammen mit einer zum Tode Verurteilten, die sich von ihrer Angst vollkommen überwältigen läßt. Ich bete viel und ringe mit Gott, daß Er sie in Seinen Schutz nehme und — wenn es Sein Wille ist — vor dem grausamen Martertod bewahre.

Dann kommt der Augenblick, wo sie abtransportiert wird. Es ist — wie es bei den Judentransporten üblich ist — Nacht, und in dem Gefängnis leuchten die Lampen unbarmherzig hell auf. Meine Zellengenossin bekommt eine halbe Stunde Zeit, um sich fertig zu machen. Verzweifelt, völlig gebrochen, verläßt sie die Zelle. Ich bin wieder allein. Aber lange noch kämpfe ich um ihre Seele.

Der «General»

Eines Tages erscheint eine neue Wachtmeisterin, die neue «Ober». Sie war vorher zuerst in einem Berliner Gefängnis, dann in Oslo tätig, und jetzt ist sie geholt worden, um bei uns in Scheveningen «Ordnung zu schaffen». Wie ein Wirbelwind saust sie umher und räumt alle üblen Gewohnheiten auf. Alle zwei Wochen haben wir frische Leintücher zu bekommen. Bisher habe ich überhaupt nie ein Laken zu sehen bekommen, obgleich ich schwer krank war. Sie verordnet regelmäßig Lüften. Ich habe bisher 50 Tage in der Zelle gelegen, ohne jemals an die frische Luft gekommen zu sein, außer dem einen Male, als ich in die Krankenberatungsstelle geführt wurde.

Wird es jetzt besser werden? Wird diese Wachtmeisterin menschlich sein? Noch nie habe ich eine so böse Frau gesehen. Sie hat ein regelmäßiges, fast hübsches Gesicht, aber vor ihren Augen kann man sich fürchten. Sie sind eiskalt. Nie habe ich bei einer Frau einen härteren, grausameren Ausdruck gesehen.

Ihre Haltung ist kerzengerade. Man muß vor ihr stramm stehen, auch wenn man, so wie ich, bettlägerig ist. Ohne ein Wort zu sprechen, macht sie die Runde in meiner engen Zelle. Das bunte Papier wird von der Lampe gerissen. Alle Blechdosen aus dem letzten Paket von daheim werden umgedreht, um nachzusehen, ob man Verbotenes darin versteckt hat. Ich muß sogar die Büchse mit dem Rheinischen Apfelkraut vorzeigen und den Inhalt herausnehmen. Ich nehme Toilettenpapier dazu und weiß nachher nicht, wo ich mit der weichen, klebrigen Masse hin soll. Es ist ihr gleich, was mit den für uns Häftlingen so wertvollen Sachen wird. Sie zerrt die Decken von der Pritsche, dreht die Matratze herum und sucht überall nach unerlaubten Zetteln oder Briefen. Gottlob hat sie die Evangelien, die ich dort versteckt halte, nicht entdeckt. Ich habe Angst vor dieser Frau. Als sich die Tür hinter ihr schließt, sinke ich zunächst erschüttert und kraftlos auf meine Pritsche, bevor ich daran gehe, das von dieser herzlosen Frau verursachte Durcheinander aufzuräumen.

Ich lausche angestrengt, was in den übrigen Zellen vor sich geht. Überall «macht sie Ordnung». Alle Farben haben kurzerhand zu verschwinden. Die Zellen sehen nach ihrem Besuch trostloser aus als je. Ein böser Geist geht im Gefängnis um.

Später werde ich den «General» aus nächster Nähe kennenlernen. In Vught, der nächsten Station meiner Gefangenschaft. Aber auch dort wird es mir nicht gelingen, herauszubringen, ob es in ihrem Herzen nicht doch noch irgendwo eine weiche Stelle gibt, ein ganz kleines bißchen Menschlichkeit und Wärme.

VUGHT (sprich Föcht)

DIE ANKUNFT

«Alle Männer die eigenen Kleider anziehen!» Was mag nur los sein? Durch alle Ritzen und verborgenen Löcher in den Wänden wird über eine bevorstehende Invasion getuschelt. Die Wachtmeisterinnen sind heute so nervös und unbeherrscht. Ob...?

Ob die Befreiung da ist? Weshalb eigene Sachen anziehen? Im Korridor wird etwas gerufen. Ich habe es nicht richtig verstanden. Aus der Nachbarzelle aber klärt man mich durch die Wandritze darüber auf. Wir sollen uns alle zum Fortgehen fertigmachen. Alles ist mitzunehmen. Es ist bestimmt etwas besonderes los, sonst würde das ewige Einerlei des Gefängnislebens nicht so jäh unterbrochen werden. Wir machen uns gleich an die Arbeit, nervös und gehetzt, um nur ja rechtzeitig fertig zu werden. Aber es dauert noch viele Stunden, bevor sich die Türen wirklich öffnen und das Kommando «Alle antreten» erklingt.

Da stehen wir nun in Fünferreihen. Jetzt ist es mit einem Male erlaubt, die Zellennachbarinnen von Angesicht zu Angesicht zu sehen, und die Wachtmeisterinnen sind so beschäftigt, daß sie uns nicht daran hindern können, miteinander zu sprechen. Wir werden in große Autobusse und Überfallwagen geladen und nach der kleinen Bahnstation eines Haager Vororts gebracht.

Da sehe ich plötzlich Betsie zwischen vielen, vielen anderen. Eine große Sehnsucht packt mich. Durch die Menschenmenge schlängeln wir uns langsam zueinander, und beim Einsteigen in den Zug gelingt es uns tatsächlich, im gleichen Abteil Platz zu finden. Da sitzen wir nun endlich wieder beisammen und schwatzen. Über fünfzig Jahre hatten wir in ungetrübter Harmonie zusammengelebt, als wir durch die schrecklichen Ereignisse auseinandergerissen wurden. Es bedarf kaum der Worte, um uns zu verständigen, wir verstehen uns auch so. Wir sitzen Hand in Hand und sind beinahe sorglos glücklich.

In der Nacht um vier Uhr treffen wir in Vught ein. Die Bewacher sind aufgeregt. Sämtliche Frauen und die Hälfte der

Männer aus dem Scheveninger Gefängnis sind dorthin gebracht worden, und die Bewachung reicht in keiner Weise aus. Es gelingt vielen, unterwegs aus dem Zug zu entwischen.

Wir steigen auf einem Waldgelände aus. Starke Scheinwerfer erhellen den Platz und werfen gespenstische Schatten. Überall blitzen die Waffen der Soldaten, die ihre Gewehre im Anschlag auf uns gerichtet halten. Wieder müssen wir uns in Reihen von fünf aufstellen.

Unsere Kleider und die letzten Reste aus den Paketen von daheim habe ich in einem Kissenbezug verstaut, der unterwegs, als wir gerade in das weite Gelände hineingejagt werden, zu reißen beginnt. Ich wage es nicht anzuhalten. Im Gehen gelingt es mir, einen Mantelgürtel um den unförmigen Beutel zu schlingen, damit die Sachen notdürftig zusammengehalten werden.

Jetzt kommen wir in eine Baracke, wo ein großer Raum uns aufnimmt. Es stehen dort Bänke ohne Lehnen. Hier läßt man uns von vier Uhr nachts bis vier Uhr nachmittags ohne Aufsicht und ohne jegliches Essen. Letzteres kümmert uns wenig, sind wir doch jetzt alle beisammen. Alle beisammen! Und ohne Aufsicht!

Aber unsere Freude wird bald getrübt, als es heißt: «Kleider ausziehen und baden!» Etwa zwanzig Häftlinge kommen zugleich unter die Brause und müssen dann Gefangenenkleidung anziehen. Überall laufen Soldaten herum und schauen nach den entkleideten Frauen, die lange warten müssen. Bep und ich fassen uns um die Schultern und flehen: «O Herr, bitte, nur das nicht!» Da ertönt plötzlich das Kommando: «Aufhören mit Baden!» Es hat sich herausgestellt, daß nicht genügend Kleider vorhanden sind. Wir waren noch nicht an die Reihe gekommen. So hat Gott unser Gebet erhört. Wir haben vor Dankbarkeit geweint. Als wir zehn Tage später eingekleidet werden, sind wir allein mit dem freundlichen Mädchen aus der Bekleidungskammer, und es ist nichts Drohendes oder Gemeines dabei.

Ich bin jetzt nicht mehr in Einzelhaft, sondern mit hundertfünfzig anderen zusammen. All ihr Leid und ihre Angst lebt und webt unter uns. Auch das ist nicht leicht zu ertragen. Eine liebe, junge Jüdin kommt zu Betsie und bittet: «Können Sie mich nicht trösten? Ich fürchte mich so.» Betsie betet mit ihr, und wir spüren beide, daß für uns jetzt ein neuer Abschnitt begonnen hat. Viele Menschen sind um uns, und unsere Aufgabe wird es sein, all ihr Leid und die schweren Sorgen mit ihnen zu teilen und ihnen zu helfen, das alles auf sich zu nehmen und zu erdulden. Die nun folgenden Tage in «Baracke 4» sind schwer, aber wir dürfen von unserem Glaubensreichtum verschwenderisch austeilen.

Die «Scheveninger Baracke»

Zwar sind wir jetzt in Vught, aber noch lange nicht im «Lager.» Die Lagerinsassen tragen blaue Kittel mit rotem Streifen auf dem Rücken und ein hübsches blauweiß getupftes Kopftuch. Wir sind bisher noch in einer separaten Baracke untergebracht und schlafen alle zusammen. Tisch und Bänke sind vorhanden.

Wir müssen den ganzen lieben langen Tag nebeneinander sitzen ohne Arbeit. Die Wachtmeisterinnen aus Scheveningen beaufsichtigen uns. Es sind stumpfsinnige Frauen aus dem Volk. Sie werden mit den Häftlingen leicht fertig, wenn diese hinter Zellentüren eingesperrt sind, hier aber gibt es mehrere Hundert, die trotz der vorgeschriebenen Disziplin doch eine gewisse Gewalt auszuüben vermögen. Die Aufseherinnen haben nicht die geringste Ahnung von Psychologie, von Organisation und von der Kunst, die aus so vielen Menschen der verschiedensten Gesellschaftsschichten bestehende Menge ein wenig zu lenken.

Ich muß an die Zeit denken, wo ich als Vorstand eines Jungmädchenvereins verschiedene Ferienlager zu beurteilen hatte. «Ein miserabel geleitetes Lager mit völlig ungeeigneten Leiterinnen», so hätte zweifellos mein Urteil über die Scheveninger Baracke gelautet! Die Wachtmeisterinnen spüren ihre Ohnmacht und suchen sich damit zu helfen, daß sie uns fortwährend die schwersten Strafen androhen. Beim Marschieren genieße ich die Bewegung in frischer Luft sehr. Betsie aber ist zu schwach und untrainiert, um Schritt halten zu können. Sie kann häufig nicht mitmachen. Eine Aufsichtsanwärterin übernimmt das Kommando. Sie stammt aus dem Zirkus Sarrasani. Daß sie beim Kommandieren oft Fehler macht, verzeihe ich ihr; schlimm aber ist es, daß sie ständig herumspioniert und das geringste kleine Vergehen sofort meldet.

Unserer Baracke gegenüber befindet sich die der männlichen Häftlinge aus Scheveningen. Viele von uns wissen dort ihren Mann, Sohn oder Verlobten und versuchen, sie zu sehen, ihnen ein ermutigendes Wort oder auch nur einen kurzen Gruß zuzurufen, was natürlich strengstens untersagt ist.

Stundenlang sitzen wir nun zusammen ohne jegliche Beschäftigung. Allmählich senkt sich eine äußerst gelangweilte Stimmung über dieses Zusammensein. Es wird gemeckert und geschimpft, und die Gespräche sind alles andere als erhebend. Stubenälteste, aus Mithäftlingen gewählt, haben über uns zu bestimmen, wenn die «Höheren» nicht da sind. Fast alle sind freundliche junge Mädchen, die eine große Verantwortung tragen und der schweren Aufgabe nicht immer gewachsen sind. Da macht Betsie einen Vorschlag: Sie gründet einen «Verein». Wie ist es auch anders möglich, wo so viele Holländer beisammen sind? Es muß unbedingt ein Verein gegründet werden!

Die Mitglieder verpflichten sich, möglichst selten zu unken, weder zu klagen noch zu lästern, dafür aber andere aufzumuntern durch Gespräche oder gute Ratschläge. Außerdem nehmen sie sich vor, den jungen Aufseherinnen soviel wie nur irgend angängig zu gehorchen. Eine kleine Gruppe vereinbart, täglich zusammen zu beten und darum zu bitten, daß die Stimmung sich bessere und dann auch so bleibe.

Abends müssen wir schon um sechs Uhr zu Bett gehen. Vorher dürfen wir uns weder waschen noch die Zähne putzen. Die Wachtmeisterinnen verschwinden und überlassen die Aufsicht dem Sarrasani-Mädchen. Wir unterhalten uns lange im Bett. Wir haben Zeit, es ist noch viel zu früh, um jetzt schon zu schlafen. Es sind wunderbare Menschen unter uns. Mit mehreren von ihnen schließe ich Freundschaft.

Tagsüber ist der «General» häufig bei uns. Ich habe regelrecht Angst vor dieser Frau. Sie ist bedeutend energischer als die übrigen Frauen, denen es sichtlich schwerfällt, die Ordnung zu bewahren. Ein Appell unter ihrer Führung ist entsetzlich wegen der vielen sarkastischen Bemerkungen. Ihr grausames Äußere und ihre unbarmherzigen Strafen sind gefürchtet.

Als der Arzt kommt und mich nur flüchtig untersucht, sagt er:

«Du hast Tuberkulose und mußt im Bett bleiben.» Nach dem Appell gehe ich sofort zum «General» und bitte sie, ob ich nahe am Fenster liegen darf, weil ich jetzt auch am Tage nicht aufstehen darf.

«Du sollst heute arbeiten, und zwar hart, dann wird dir die Tuberkulose schon vergehen», lautet die Antwort. Ich fühle mich so wohl, daß ich bestimmt glaube, aufbleiben zu können, aber die Gehässigkeit dieser Antwort verletzt mich.

DROHUNG

Gerade als ich in der Reihe stehe, um zum Seildreher-Kommando zu gehen, werden Betsie und ich aufgerufen. Der «General» hat einige Formulare in der Hand.

«Ihr seid bestimmt frei», flüstert eine der Aufseherinnen, «das rosa Papier ist ein Zeichen dafür, daß ein Häftling entlassen wird.» Innerlich juble ich. Wie schade nur, daß die anderen zurückbleiben müssen.

«Ihr kommt sicher auch bald nach Hause», tröste ich sie, «der Krieg wird bestimmt nicht mehr lange dauern.» Wir verteilen den größten Teil unserer Habseligkeiten. Daheim gibt es alles, was wir brauchen, da sind wir bei unseren Angehörigen und guten Freunden ... Gerührt verabschieden wir uns. Alle gönnen uns so von Herzen, daß wir aus dem Elend herauskommen. Einige aber zweifeln, ob die Freudenbotschaft auch wirklich stimmt.

Mit dem «General» gehen wir zu einer Dienststelle. Es ist strahlendes Wetter. Betsie und ich gehen Hand in Hand. Alles, was wir bei der Aufnahme ins Gefängnis hatten abliefern müssen, erhalten wir zurück: Uhr, Ringe und Geld. Wir werden es bald brauchen, wenn wir wieder in das normale Leben zurückgekehrt sind. Wir werden uns eine Fahrkarte kaufen und dann nach Hause fahren!

Wir gehen eine weite Strecke zum Gebäude am großen Eingangstor. Dort müssen wir uns mit etwa zehn Männern zusammen aufstellen. Wir sind jetzt vier Frauen. Entzückt blicken wir auf Sträucher und Blumen, von Sonne überstrahlt. So hell ist es auch jetzt in unseren Herzen! Aber ein Stück weiter werden einige Männer herumgejagt, von einer Baracke zur anderen. Der neben ihnen herradelnde Offizier gibt das Tempo an. Wie häßlich und grausam sein Gesicht ist. O nein, ungetrübt ist unsere Freude nicht, die Bitternis des Geschehens in unserer nächsten Nähe wirft ihre Schatten darauf.

Eine von uns vieren wird kurz verhört und erwähnt leider, daß sie Jüdin sei. Sofort wird sie mitgenommen und muß sich neben dem großen Tor mit dem Rücken zu uns gekehrt hinstellen. Sie ist zart und schmal, eine kleine, armselige Gestalt neben der hohen, düsteren Anstaltsmauer. Ihre Kleidung ist sehr dürftig, ja ärmlich. Unsagbarer Schmerz und tiefste Erschütterung spricht aus ihrer Haltung. Wohin wird man sie bringen? In diesem Augenblick ist sie für Betsie und mich das Symbol des Leidens ihres Volkes. «Wie lange noch, Herr? Ach, erbarme Dich Deines auserwählten Volkes Israel!» flehe ich.

Einer der Männer neben mir sagt mit einem Male: «Wer beten kann, soll es jetzt tun; wir wissen alle nicht, was mit uns geschehen wird.»

«Ja, wir können beten», sagt Bep, «wir werden es jetzt tun. Aber eigentlich haben wir geglaubt, daß wir jetzt entlassen werden. Stimmt das nicht?»

«Nein», erwidert der Mann, und Mitleid schwingt in seiner Stimme, «entlassen werden Sie nicht. Entweder Sie kommen in den Bunker, oder es geschieht etwas noch Schlimmeres. Keiner weiß es.»

«Dann haben wir hier gewiß noch eine Aufgabe zu erfüllen», sagt Betsie tapfer. Etwas später fängt sie zu singen an. Wir werden nicht bewacht, und es ist niemand da, der es ihr verbieten könnte. Ich spüre einen seltsamen Widerstreit der Gefühle in mir. Ich genieße tatsächlich das prachtvolle Wetter, schaue beglückt auf die Blumen und das frische Grün der Sträucher, blicke in den blauen Himmel hinein und freue mich am Singen. Gleichzeitig aber bin ich aufs äußerste gespannt.

«In Fünferreihen anstellen», heißt es im Befehlston. Neben mir steht ein Schicksalsgenosse in der Uniform der berittenen Gendarmerie. Seine Kleidung ist arg zerrissen. Er nimmt Betsie ihr Paket ab, denn fast hätte sie es fallen lassen. «Mein Herz klopft so sonderbar», sagt sie. Ich fühle ihr den Puls: ihr Herz schlägt sehr schwach und unregelmäßig.

Wieder werden wir zu einer anderen Dienststelle geführt,

wo wir all unsere Sachen wieder abgeben müssen. Ist der Vorgang nur inszeniert worden, um uns zu quälen und zu erniedrigen? Weshalb hat man uns nicht gleich gesagt, wo wir hinkommen? Einen Augenblick später führt man uns in den Hof des Bunkers. An drei Seiten düstere Zellen, kleine vergitterte Fenster. Über den winzigen Fensterchen ein weit vorstehendes, schräges Dach, damit nur ja recht wenig Licht in die Zellen fällt. Ich weiß, daß hier viele Grausamkeiten verübt worden sind. Frauen hat man hier eingesperrt, die infolge Luftmangels erstickt sind.

Lange, sehr lange müssen wir hier stehen. Ich schaue mir die Männer an, die neben uns stehen. Es sind energische Gesichter. Zwar lese ich aus ihren Zügen auch die quälende Sorge, aber daneben Mut und Zuversicht, alles, was kommen mag, auf sich zu nehmen. Wie stolz darf Holland sein, daß es solche Männer besitzt, und ich bin fast froh, daß es mir vergönnt ist, in ihren Reihen mitzukämpfen. «Hilf mir, Herr, daß ich es aushalte, und schenke mir ein mutiges Herz», bete ich. Am Himmel zieht ein englisches Flugzeug lange weiße Kondensstreifen.

Der drohenden Gefahr, in den Bunker zu kommen, entgehen wir. Das Ende dieses spannungsreichen Tages bringt uns zwar nicht die heißersehnte Freiheit, aber wir werden nun in das «Lager» von Vught gebracht. Die Dämmerung ist schon hereingebrochen. Fast den ganzen Tag hat dieses Hin und Her gedauert. Wir sind todmüde, als wir endlich zu den Wohnbaracken kommen. Ein freundliches junges Mädchen heißt uns willkommen und weist uns zwei Plätze an ihrem Tisch an.

SONNTAG

Unser erster Sonntag im Lager. Am Vormittag müssen wir arbeiten, aber nach dem Mittagsappell sind wir für den Rest des Tages frei. Wieder ist herrliches Wetter. Betsie und ich können es kaum fassen, daß wir — wenn auch innerhalb des Stacheldrahtzauns — ungehindert draußen herumlaufen dürfen. Wir trinken Luft und Sonne mit allen Sinnen in uns hinein. Wie schön ist der Brabanter Himmel! Ein Mädchen kommt auf uns zu und lädt uns ein, einem Gottesdienst beizuwohnen.

Zwischen zwei Baracken liegt ein Stück Wiese; dort sitzen um eine Dame herum einige wenige Menschen und hören ihr zu. Sie liest aus der Heiligen Schrift. Wir setzen uns auf den Rand einer um die Baracke herumlaufenden Gosse. Jetzt liest sie eine Predigt vor, und dann singen wir gemeinsam. Ich bin sehr bewegt. Wir dürfen wieder mit anderen Gotteskindern zusammen sein und Gottes Wort hören. Die Zelleneinsamkeit liegt hinter mir. Man bittet mich, ein Dankgebet zu sprechen.

Das Beten ist mir eine innige Freude. Wie wunderbar ist es, gemeinsam unsere Not dem Herrn darzubringen! Noch niemals habe ich so aus tiefstem Herzen heraus gebetet. Wie groß ist das Leid dieser Häftlinge, die Mann, Kinder oder andere Angehörige zurücklassen mußten, so hart vom Schicksal geprüft und so schwer bedroht sind. Und ich darf reden zu Ihm, der uns versteht, der uns kennt und liebt. Alle unsere Kümmernisse werfe ich auf den Herrn.

Nach dem Gebet bittet man mich, nächsten Sonntag den Gottesdienst zu halten. Von Herzen gern sage ich zu, und für den Abend bereite ich einen «Sprechkreis» vor. Wie oft habe ich das in den Jugendvereinen getan! Man stellt einige Fragen über ein bestimmtes Thema und läßt die anderen antworten. Der Zweck des hiesigen Sprechkreises ist vor allem, die Gedanken der Menschen aus den engen Schranken der Lageratmosphäre zu befreien. In allen Anstalten besteht die große Gefahr, daß sich eine Art «Miniaturgesellschaft» bildet. Hier sehe ich das gleiche: Die Gedanken verengen sich, die Gespräche verflachen, die Unterhaltung dreht sich hauptsächlich um Lagerinteressen. In einem der Philips-Büros frage ich an, ob vielleicht jemand das Programm unseres ersten Sprechkreises auf der Maschine tippen kann. Einer der dort tätigen Herrn erklärt sich sofort bereit. Als ich mich bei einem auch dort beschäftigten jungen Mädchen nach seinem Namen erkundige, stellt es sich heraus, daß er ein bekannter Universitätsprofessor ist.

Hier folgt die Anleitung zu einem der damals im Lager abgehaltenen Sprechkreise:

Unsere Berufung nach Entlassung aus dem Lager

1) Wie erhalten wir Mut und Kraft, um uns über alle Probleme klar zu werden?
2) Ist es notwendig, uns bereits jetzt auf das Leben nach der Entlassung zu besinnen?

3) Wird Gott besondere Leistungen von uns verlangen?
4) Für wen werden wir etwas tun können und müssen?
5) Welche Kategorien von Menschen werden es voraussichtlich schwer haben?
6) Was können wir tun für:
   a) diejenigen, die aus der Gefangenschaft zurückkehren und keine Angehörigen mehr haben?
   b) diejenigen, die weder Wohnung noch Hausrat mehr besitzen?
   c) diejenigen, denen das innere Gleichgewicht abhanden gekommen ist?
   d) junge Menschen, für welche die Rückkehr ins normale Leben ein Problem bedeutet?
   e) die Gefangenen?
   f) das Militär?
   g) die besiegten Feinde? Spüren wir überhaupt irgendeine Berufung, für sie etwas zu tun?
7) Was ist das Wichtigste, das allen diesen Menschengruppen zu helfen vermag?

Wie schwer ist es, die Gespräche in die richtige Bahn zu lenken! In den früher von mir geleiteten Klubs waren wir, obgleich in der Veranlagung oft völlig voneinander verschieden, dennoch in den wichtigsten Punkten einer Meinung. Hier gibt es Menschen der verschiedensten Geistesrichtungen und Lebensanschauungen. Einer theologisiert gern. Andere wieder führen tiefsinnige Gespräche. Manche bleiben in der Unterhaltung nur an der Oberfläche. Man redet häufig aneinander vorbei. Klare Antworten bringt dieser Sprechkreis zwar nicht hervor, aber ich habe trotzdem erreicht, daß die Gedanken und Gespräche ein wenig über den engen Raum innerhalb der Stacheldrahtsperre hinausgehen. Das allein schon ist ein Grund, sich zu freuen.

EINE BELGIERIN ERZÄHLT

Wir sitzen auf einer der niedrigen Sandverwehungen im Lagergelände. In nächster Nähe wachsen viele, viele Birken und hübsche Sträucher. Die Vögel singen. Hinter unserem Sandhügel zieht sich ein doppelter Stacheldrahtzaun entlang, aber dahinter liegt weites Wiesenland, ein Bauernhof, da und dort kleine Wäldchen und Gebüsch und darüber der blaue Himmel, der hier in der Provinz Brabant einen so eigenen, großartigen Charakter hat. Ich muß oft an Vincent van Gogh denken, der aus dieser Gegend stammte und seine Heimat so lieb hatte. Wie hat er es verstanden, Himmel und Wolken in leuchtenden Farben auf die Leinwand zu bannen!

Eine Belgierin erzählt, wie sie und ihre Leidensgenossen grausam herumgejagt worden sind. Von Belgien nach Deutschland, von einem Gefängnis ins andere, und jetzt endlich kam sie nach Vught. Sie lebt hier völlig auf. Sie ist anständig untergebracht, bekommt reichlich frische Luft, und der Sommer ist warm und voller Sonne. «In Belgien waren wir zuerst in einem kleinen Gefängnis. Dann kam ein Bombardement. Wir hörten die Bomben fallen, immer näher und näher. Plötzlich erklang die freundlich Stimme des katholischen Ortspfarrers, der uns schon oft getröstet hatte. Er stand draußen, und wir konnten ihn alle gut verstehen. ‚Meine Kinder', rief er jetzt, ‚die Gefahr ist nahe. Vielleicht noch wenige Minuten, und eure letzte Stunde hat geschlagen. Bereitet euch vor auf den Tod. Im Augenblick des Todes steht ihr jetzt vor eurem Gott. Gedenket eurer Sünden und bereut sie. Betet zu unserem göttlichen Heiland, der am Kreuz für uns gestorben ist: Herr, in Deine Hände befehle ich in meinen Geist. Gedenke der Worte Jesu: Ich bin die Auferstehung und das Leben. Wer an Mich glaubt, wird leben und wäre er auch gestorben, und alle, die an Mich glauben, werden in die Ewigkeit eingehen. Miserere mei, Deo: Herr, erbarme Dich über mich nach Deiner großen Barmherzigkeit!' Ein furchtbarer Schlag folgte seinen Worten. Ganz nahe bei uns schlug eine Bombe ein. Ich war bereit zu sterben und wartete. Die Fensterscheiben waren zertrümmert, um uns herum lagen die Glasscherben. Wir lagen auf den Knien, und unsere Gedanken richteten sich auf den Augenblick, wo wir zu atmen aufhören sollten. Als der Lärm etwas nachließ, ertönte wieder die ruhige Stimme des Trösters: ‚Der allmächtige Gott sei euch gnädig, vergebe euch eure Sünden und führe euch in das ewige Leben. Amen.' Dann — mit erhobener Stimme: ‚Ego vos absolvo a peccatis vestris, in nomine Patris et Filii et Spiritus Sancti. Amen. Ich befreie euch von euren Sünden im Namen des Vaters, des Sohnes und des Heiligen Geistes. Amen!'

Das waren seine letzten Wort. Ein tobender Lärm in allernächster Nähe nahm mir das Bewußtsein. Als ich wieder zu mir kam, lag ich immer noch in der Zelle. Alles war jetzt ruhig. Meine Zellengenossinnen hoben mich hoch, damit ich aus dem Fenster schauen konnte. Ich sah eine zerstörte Stadt. Die Häuser ringsum waren zertrümmert. Das einzige Gebäude, das einzige Gebäude, das noch stand, war das Gefängnis. Vor unserer Zelle lag der Pfarrer. Er war tot. In seinen Händen hielt er das Kruzifix.»

Sklavenmarkt

Wir sind zum «Philips-Kommando» befohlen. In der Baracke 4 sitzen wir im Flur und harren der Dinge, die da kommen sollen. Die Jüngeren waren schon früher aufgerufen worden. Jetzt sind es alles Menschen über vierzig. Dem Alter begegnet man hier mit Geringschätzung.

Immer noch sitzen wir an den Wänden entlang und warten. Da kommt eine Gruppe Männer und bleibt in der Mitte des Raumes stehen. Einer von ihnen ist der «Oberkapo», ein negroider Typ mit wülstiger Unterlippe, die dem Gesicht einen brutalen Ausdruck verleiht. Er hat schon viele Juden togeschlagen. Früher war er wegen verschiedener Morde zu sechzehn Jahren Gefängnisstrafe verurteilt worden. In deutschen Konzentrationslagern hat er Erfahrung gesammelt und steht nun hier an der Spitze der Philipshäftlinge. Vielleicht sind die übrigen Männer ganz nett, wir wissen es nicht. Wie sie uns anschauen und abschätzen und dann miteinander tuscheln, habe ich das Gefühl, Sklavin auf dem Sklavenmarkt zu sein. Ich werde mit einigen anderen aufgerufen und muß vortreten. Ein leichter Schauer überläuft mich, und dennoch erlebe ich dies alles wie im Traum. Jetzt stehe ich vor ihnen. Wenn sie mich zu alt finden für Fabrikarbeit bei Philips, werde ich wahrscheinlich seildrehen müssen. Ich könnte nicht sagen, welche Arbeit ich vorziehen würde, aber diese Art von Abschätzung empfinde ich als erniedrigend. «Ein anderer wird dich gürten und führen, wohin du nicht willst.» Ich muß mich bescheiden. Wie

oft habe ich es mir selbst vorgehalten! Es ist schon richtig so.
Ich muß immer weiter lernen und «trainieren». — Ich werde
für tauglich befunden und komme als Arbeiterin in eine Abteilung der Philipswerke.

PHILIPS-KOMMANDO

Ein junger Mann bringt uns nach der Baracke 35. Lange
Reihen Werkbänke stehen hintereinander im Raum. Ich bekomme leichte, aber sehr eintönige Arbeit: Abmessen von kleinen
Glasstäbchen. Ich schaue mich um. Es herrscht eine angenehme
Atmosphäre hier. Unser Vorarbeiter (ebenfalls ein Häftling)
ist ein gebildeter Mensch: im Zivilberuf ist er Direktor einer
Oberrealschule. Er verleugnet seine Herkunft nicht: Väterlich
betreut er uns, es ist seiner Bildung und seinen angenehmen
Manieren zu verdanken, daß man sich hier sogar wohlfühlen
kann.

Ich komme mir eher als Schülerin in seiner Schule denn
als Fabrikarbeiterin vor. Bald merkt er mein Interesse für die
Arbeit der anderen im Saal. Das Abmessen der Stäbchen ist
trostlos langweilig, und ich versuche mich hier und da an der
weit interessanteren Arbeit meiner Kollegen: Einmontieren
von Radioteilen.

Der Vorarbeiter sagt erstaunt: «Sie sind der erste weibliche
Häftling, der sich für diese Arbeit interessiert.»

«Ja», antwortete ich, «ich bin aber auch gelernte Uhrmacherin.» Als ich ihm das erzähle, bekomme ich sofort andere Arbeit. Ich muß nun «Relais» für Rundfunkgeräte kontrollieren,
eine äußerst exakte Arbeit, aber doch lange nicht so interessant wie Uhren zusammensetzen oder reparieren.

Trotzdem gewöhne ich mich rasch ein. Elf Stunden an der
Werkbank sind eine lange Zeit, bedeutend länger, als ich daheim zu arbeiten gewohnt war. In der Zelle lag ich noch den
ganzen Tag im Bett. Der Unterschied ist groß, aber ich bin
dankbar, durch die Arbeit Ablenkung zu haben. Vught ist erheblich leichter zu ertragen als Scheveningen. Ich genieße die
frische Luft und den Verkehr mit meinen Schicksalsgenossen,
unter denen es wahre Prachtmenschen gibt. Die Mittagspause
dürfen wir unter freiem Himmel verbringen. Es ist herrlich,

wieder Grün und Sonne und den weiten Raum um sich zu haben.

Von meiner Werkbank aus kann ich die Straße übersehen, wo Aufseherinnen und Offiziere vorbeigehen, die uns zu kontrollieren haben. Droht eine solche «Gefahr», so rufe ich «dikke Luft», das verabredete Warnsignal, und dann sitzen plötzlich alle eifrig über ihre Arbeit gebeugt, Bücher, Handarbeiten und Briefe verschwinden. Einmal erscheint eine dicke Aufseherin und hört den Warnruf. Sie glaubt, daß «dicke Luft» ein auf sie gemünzter Spottname ist und wird wütend. Von dem Augenblick an wurde das «zweideutige» Wort vermieden. Wir vereinbarten als Warnruf das Wort: «fünfzehn».

Jeden Morgen, wenn wir in die Fabrik marschieren, sehen wir an der Ecke den Platz, wo Tausend von Männern angetreten sind. Alle sind kurzgeschoren. Der Zählappell ist gerade vorbei, und sie sollen sich nun in Gruppen — je nach Arbeitskommando — anstellen. Wenn ich das so beobachte und die vielen Kahlköpfe sehe, dann muß ich unwillkürlich an einen Sack mit Erbsen denken, den man ausgeschüttet und durcheinandergewirbelt hat.

Wir kommen an einer kleinen Gebüschgruppe vorbei. Die Sonne ist eben aufgegangen, und ihre Strahlen fallen schräg auf die betauten Blätter und Grasflächen. Ich genieße den Spaziergang sehr.

Um ein Viertel vor sieben gelangen wir bei der Philips-Abteilung des Lagers an.

An einem kleinen Sandpfad erwartet mich meine Freundin Leni Franse, die ebenfalls aus Haarlem stammt. Zusammen machen wir noch einen kurzen Morgengang. Der Himmel leuchtet in wundervollen Farben, die junge Morgensonne läßt die herrlichen Wolkengebilde in rosigem Licht erscheinen. Leni erzählt, sie habe jetzt Nachricht bekommen, daß ihr gesamter Besitz, auch ihr Haus, beschlagnahmt worden sei. Sie ist sehr tapfer und opfert sich bewußt. Sie spricht von dem rührenden Gottvertrauen ihres Jungen Robert, der so gläubig all sein Leid in die Hände des himmlischen Vaters legt. Dann sprechen wir zusammen einen Bibeltext oder ein kurzes Gebet. Wie wohl tun uns die paar Minuten am Tagesbeginn!

Männer marschieren in langen Reihen an uns vorüber, kahlgeschoren und in gestreiften Anzügen. Sie sehen alle gleich aus und dennoch verraten die Züge jedes einzelnen einen eigenen Charakter. In der Halle stehen ein Mann und eine Frau, beide Belgier. Daheim warten ihre Ehegatten sehnsüchtig auf sie, und hier stehen sie eng umschlungen. Auch andere Paare küssen sich. Täglich spielen sich derartige kleine Szenen ab.

Eine stickige Luft kommt uns entgegen, als wir die Tür zum Arbeitsraum öffnen. Alle Fenster sind geschlossen. Wir reißen sie sofort auf, um die frische Morgenluft hereinzulassen. Beim Eintreten sehen wir gleich, daß Müller, einer der hohen Offiziere, Schubkästen und Schrankfächer inspiziert hat. Am Boden liegt ein schreckliches Durcheinander: Butter, Socken, eine Tomate, Brotschnitten, Glasscherben. Pfui, wie gemein! Ich setze mich an meinen Arbeitsplatz und lege meinen Kopf auf meine über den Tisch ausgebreiteten Arme. Ich mag all das Häßliche nicht sehen. Wie müde ich bin! Wir sind auch schon um drei Viertel fünf aufgestanden. Ich schlafe noch etwas.

SCHLAFSAAL

Es ist Abend. Im Schlafsaal sind 120 Häftlinge zusammen. Ich sehe über die vielen Betten hinweg. Es geht heiter zu. Überall wird genascht, geschwatzt und gelacht. Nicht lange danach aber herrscht tiefe Ruhe. Ein elfstündiger Arbeitstag ist reichlich lang, und wenn dann hinterher noch ein unnötig langer Appell folgt, ist man rechtschaffen müde. Alles schläft. Manche schnarchen. Die Tommies schwirren am Himmel. Am Horizont sehe ich die Leuchtstreifen der Scheinwerfer. Dann und wann fällt auch ein heller Schein in unsere Baracke. Die Wächter rufen sich gegenseitig etwas zu. Eben höre ich sie sagen, daß es auf zwei Uhr geht. Wenn Flugzeuge am Himmel sind, werden sie nervös und äußern das in überlautem Gehabe. Ich schließe meine Augen und träume von einem Bett mit kühlen, frischen Laken. Ich gehe in Gedanken durch unser liebes altes Haus in der Barteljorisstraat. Ich spüre das Treppengeländer, woran ich mit der Hand entlangstreife. Ich gehe durch die Wohnstube, werfe einen Holzblock aufs Feuer und nicke Vaters Bild zu. Tränen dringen aus meinen geschlossenen Augenlidern.

PAKETLISTE NR. 12

Vught ist ein Ort voller Gegensätze. Es sind Pakete angekommen. Unseres steht auf der Bank zwischen Betsie und mir. Es enthält herrliche Sachen: Butter und Zucker, aber auch «Luxusartikel» wie Kuchen, Plätzchen und Bonbons. Liebevolle Herzen haben es ausgedacht, liebevolle Hände das Paket gepackt. Sogar die Adresse spricht von Hoffnung: «Falls entlassen, Paket nach Haarlem zurücksenden.»

Es ist ein Fest inmitten der eintönig-grauen Tage der Haft. Wie Kinder bauen wir die Päckchen und Tüten rings um uns auf. Von allem naschen wir gleich reichlich und verschenken manches an andere, die keine Angehörigen haben, die ihnen etwas schicken könnten. Wir überlegen gemeinsam, wer es am ehesten braucht. Unser Brot wird heute üppig belegt; und außerdem legen wir etwas beiseite für den heimlichen Mitnehmebeutel am nächsten Morgen.

Die Pakete sind alle schon durch die Kontrolle gegangen. Jedes einzelne Päckchen ist von der Aufseherin aus dem Karton genommen und mit einem langen Messer durchstochen worden, um nachzuprüfen, ob etwa Zettel darin versteckt sind. Der schöne Kuchen ist in viele Stücke zerschnitten, die sauber verpackte Sendung völlig in Unordnung gebracht. Trotzdem aber ist es, als lachte alles uns an. Wir packen die Gaben wieder hübsch zusammen und denken an daheim, wo man es mit soviel Liebe überlegt hat. Wir haben wieder neuen Mut und sagen zueinander, daß wir es gut aushalten können, bis die große Befreiung kommt.

Aus dem nahen Bunker aber erschallt eine Gewehrsalve...

STRAFMARSCHIEREN

Immer noch ist strahlendes Sommerwetter. Beim Rückweg aus der Fabrik ist eine von uns zu spät gekommen. Dafür müssen wir zwischen zwölf und eins strafmarschieren. Ein «Feuerwehrkapo» führt das Kommando. Es ist ein netter Kerl der, glaube ich, im Zivilberuf Seemann ist. Er trägt zwar einen Rohrstock in der Hand, aber wir haben von ihm nichts zu befürchten. Wir sind sogar froh über den Spaziergang.

Er führt uns durch Lagerteile, die wir bisher noch nicht gesehen hatten. Zuerst am Flugzeugfriedhof entlang, «die Luftwaffe» genannt. Hier werden von Männern aus dem Strafblock abgestürzte Fleugzeuge demontiert. Dann geht es durch eine Allee, von wo wir einen schönen Blick auf ein Getreidefeld genießen. Von weitem grüßt eine Kirchturmspitze herüber. Wie schön ist es hier! Wir fangen an zu singen. Johanna, die Aufseherin (bei uns «Die Zierpuppe» geheißen), ist wütend. Sie wird aus den Holländerinnen einfach nicht klug: Jetzt freuen sie sich sogar über die Strafe.

Wir kommen an einem Gebäude vorbei. «Was ist das für ein Haus?» frage ich. Eine antwortet: «Das Krematorium» und blickt scheu zu Frau Akkermann hinüber. Vorige Woche ist ihr Sohn erschossen worden ...

BRIEFE

Wenn sich nur irgendeine Gelegenheit dazu ergibt, wird in Vught mit wahrer Wonne Strafe austeilt. Die Aufseherinnen lassen uns deutlich spüren, daß wir es eigentlich viel zu gut haben. Als einmal einige Betten nicht vorschriftsmäßig gemacht worden sind, heißt es: «Paket- und Briefsperre für alle!» Das ist eine schlimme und grausame Strafe. Keinerlei Verbindung mit der Außenwelt!

Eine von uns weiß einen Ausweg: Sie kennt einen SS-Mann und überredet ihn, unsere Briefe aus dem Lager hinauszuschmuggeln. Er läßt sich bestechen, und die jetzt von uns geschriebenen Briefe unterliegen also nicht einmal der Zensur. Es ist zwar ein gefährliches Unternehmen. Wenn nur eine einzige von uns geschnappt wird, dann dürfte im günstigsten Falle Verlängerung der Haft erfolgen. Aber wir riskieren es trotzdem.

Vught, den 13. Juli 1944

Ihr Lieben alle!

Zur Zeit haben wir Brief- und Paketsperre, weshalb weiß niemand. Aber ich schreibe euch trotzdem weiter. Das Leben ist hier schwer, aber der Herr ist immer bei uns und bewahrt uns wunderbar. Morgens stehen wir um fünf Uhr auf, um sechs haben wir zum Appell zu erscheinen. Um halb sieben fängt die Arbeit an. Abends liegen wir um neun Uhr schon im Bett. Corrie und ich sind viel zusammen. Um sieben Uhr kommen wir von der Arbeit und essen zu zweit in aller Ruhe. Die Natur ist uns ein großer Trost. Der Himmel und die Wolkenbildung sind hier besonders schön! Betet bitte immer weiter für uns. Täglich, ja stündlich spüren wir die Wirkung Eurer Gebete. Was unsere Entlassung anbelangt, bin ich sehr zuversichtlich. Sie wird zu der Zeit erfolgen, wann Gott es für richtig hält. Ich weiß aber, daß ich jetzt hier noch gebraucht werde, und Gott schenkt mir die Kraft auszuhalten, obgleich ich selbstverständlich große Sehnsucht nach Euch habe. Aber hier lebt es sich noch bedeutend besser als in der Zelle. Zwar bekommen wir jetzt keine Pakete, aber der Herr sorgt immer dafür, daß wir genug haben. Behaltet guten Mut! Jesus ist Sieger.   Eure Betsie.

Ihr Lieben alle,
Ihr werdet Euch fragen, was wir angestellt haben, daß die Paketsperre über uns verhängt wurde: Es ist eine gemeinsame Strafe, weil irgend jemand in unserer Baracke sein Bett nicht vorschriftsmäßig gemacht hatte. Außerdem hat man allerlei Verbotenes unter den Matratzen gefunden, und einige von uns hatten über die Stacheldrahtsperre hinweg mit den Kapos gesprochen. Die Post- und Paketsperre dauert bis zum 5. September. Sendet bitte, wenn dieser Termin verstrichen ist, sofort warme Pullover und Strickjacken, die können wir, wenn es Herbst zu werden beginnt, vor allem morgens gut gebrauchen.

Es geht uns sehr gut. Heute ist Beps Geburtstag. Er verläuft ganz anders als damals der meine in Scheveningen. Ich mußte völlig allein liegen und bekam «kalte Kost,» weil ich geredet hatte. Mittagessen gab es nicht für mich, und ich durfte nicht an die Luft, bekam auch keine Bücher, und alle schnauzten mich an. Als der Arzt kam und mir eine Spritze gab, erzählte ich ihm, daß ich Geburtstag habe, und er drückte mir ganz fest die Hand. Er war selbst ein Häftling. Weder vorher noch nachher hat mir ein warmer Händedruck so viel bedeutet. Am nächsten Tag kam die Fluraufseherin an meine

Zellentür und überbrachte mir einen Glückwunsch von Aukje. Von ihr hörte ich damals zum ersten Male etwas über Bep. Bis dahin hatte ich nicht geahnt, wo sie sich aufhielt.

Hier erwartet mich Bep am Abend nach der Tagesarbeit. Wir schlafen nebeneinander, und heute nacht wachten wir beide zugleich auf durch den Lärm von sicher Tausenden von Flugzeugen über Vught. Mittags schlafe ich gewöhnlich eine knappe Stunde in der Sonne.

Der Himmel ist hier wundervoll, er prangt in den sattesten Farben, die man sich nur denken kann. Wir bekommen ausreichend zu essen, die Arbeit ist erträglich, und wir haben viele gute Freunde und Bekannte. Ich bin braungebrannt von der Sonne, und sogar Bep ist etwas angebräunt. Sie sieht viel besser aus als vor einigen Wochen und sicher um zehn Jahre jünger. Meine Hand, an der ich scheußliche Nervenschmerzen gehabt habe, ist fast völlig wieder in Ordnung. Ich habe ziemlich viel zugenommen.

Soeben hat mich eine Wespe ins Bein gestochen. Deshalb bekam ich einen Laufzettel und durfte zum Sanitäter gehen, der einige Bracken weiter seine Sprechstunde hält. Er gab mir einen in Kölnisch Wasser getränkten Wattebausch. Das Schönste daran war der Spaziergang. Man darf sonst nämlich auf dem Fabrikgelände von Philips nicht aus seiner Wohnbaracke heraus. Sorgt euch bitte nicht, es fehlt uns an nichts.

Der Herr sorgt für uns, und es ist wie ein Wunder, daß Er uns gerade dann etwas gibt, wenn keine von uns mehr etwas hat. Einmal ging ich ins Krankenhaus, um Vitamin B-Tabletten zu holen und bekam von der Putzfrau einen halben Honigkuchen geschenkt.

Wißt ihr schon, daß Leny Franse in Baracke 24 lebt? Ihr Mann in Baracke 23.

Habt Ihr eine Ahnung, ob unsere Strafzeit am 1. September oder erst am 8. Dezember zu Ende ist? Alle sagen sie, daß sechs Monate Vught das Strafmindestmaß sei. Wird Scheveningen mitgezählt, dann würde die Haft am 6. September zu Ende sein. Nur Gott kennt den Weg. Wir sind ruhig und voller Zuversicht. Ich bin in Gedanken häufiger daheim als Bep. Bep hat angenehme Arbeit: Wäsche ausbessern auf der Nähmaschine. Manchmal strengt es sie sehr an.

Jetzt, da ich meinen Brief durchlese, kommt er mir reichlich optimistisch vor. Wir haben es nicht leicht, aber Gottes Güte ist ohne Grenzen. Bep hat oft Hunger. Zur Zeit kommt gar nichts durch, aber sendet, sobald die Sperre aufgehoben ist, sofort wieder Pakete! Behaltet Mut! Gott regiert.

Eure Corrie.

Ihr Lieben! Jeden Morgen treffe ich Leny Franse und gehe ein kleines Stück mit ihr spazieren. Diese knappe Viertelstunde stärkt uns für den ganzen weiteren Tag. Wir unterhalten uns nur über geistliche Dinge. Leny ist eine Heldin und ihr Mann ein Held. Sie haben alles verloren und haben es bewußt geopfert. Sie sind aus dem gleichen Holz geschnitzt wie die Märtyrer aller Zeiten und Völker. Ich nicht. Ich sehne mich schrecklich nach Hause, nach Behaglichkeit und nach Glück und Frohsinn. Daß ich es aushalte, ist eine Gnade Gottes. Nur Er ist mein Stecken und Stab.

Manchmal spüre ich die Gefangenschaft kaum: Wir sind bis zu einem gewissen Grade nichts anderes als «freie Fabrikarbeiterinnen». Dann und wann ist «dicke Luft», und wir müssen uns vorschriftsmäßig benehmen, aber im allgemeinen sind wir nur «unter uns», und es herrscht eine wirklich angenehme, harmonische Atmosphäre. Ich arbeite tüchtig, habe die Schlußkontrolle für die Radio-Relais. Eine peinlich sorgfältige und knifflige Arbeit, die aber trotzdem viel leichter ist als Uhren reparieren.

Morgens gibt es immer wieder einen Augenblick intensivster Spannung für alle diejenigen, die vielleicht eine Chance haben, entlassen zu werden: Nach dem Morgenappell, wenn die Arbeitskommandos angetreten sind, erscheint Katja, die Aufseherin, und ruft einige Zahlen auf. Die mit diesen Zahlen bezeichneten Häftlinge treten vor und haben die Gewißheit, entweder frei zu sein oder — nach Deutschland abtransportiert zu werden.

Die Sonntage sind herrlich. Wir arbeiten vormittags und sind ab 12 Uhr frei. Bep und ich machen es uns gemütlich, kochen Tee, waschen unsere Sachen, so gut es geht, halten «Generalkörperreinigung», schlafen viel und liegen draußen, wobei wir uns mit den Glaubensgenossinnen unterhalten. Den Reformierten bin ich «zu leicht», den Freisinnigen «zu streng», aber Gott gibt Seinen Segen zu unseren Zusammenkünften und Gesprächen und fragt nicht nach derartigen, von Menschengeist bestimmten unwesentlichen Unterschieden.

Sechs Monate sind entsetzlich lang. Wir aber gehören der Ewigkeit an, und in diesem Licht besehen ist die Zeit kurz. Frau Boileau arbeitet auch in der gleichen Fabrikbaracke wie ich. Ein wunderbarer Mensch. Sie gehört nicht nur äußerlich der Aristokratie an. Alles hat sie geopfert. Zwei ihrer Söhne sind erschossen worden. Aber immer ist sie munter und guter Dinge, und immer weiß sie etwas Interessantes auf geistigem Gebiet zu erzählen. Jetzt schließe ich für heute. Behaltet Mut.
Eure Corrie.

STUNDEN DER ERHOLUNG IN VUGHT

Jan singt ein Chanson. Er ist unser «Läufer», das heißt der Laufbursche der gesamten Philipsbaracke. Er ist ungefähr 16 Jahre alt. Zuerst hat Lydia gesungen, Lieder von Grieg und Bach, das waren Klänge «von daheim». Sie sang rein und klar, nur fehlte die Klavierbegleitung, aber ihre Stimme klang sehr schön in der Holzbaracke, die eine gute Akustik hat.

Gleich darauf tritt Jan vor: Er singt von einem Kind, dessen Vater Pilot ist und bei einer Flugzeugkatastrophe ums Leben kommt. Sentimental und trivial. Plötzlich kreischt der Lautsprecher: «Läufer sofort nach Baracke 23!» Jan verschwindet, und mit einem Male ist es mäuschenstill in unserer Baracke. «Mammi» meint: «Man müßte ihm vielleicht doch einmal sagen, wie häßlich es ist...» Wer soll aber den Mut aufbringen, ihm seine Freude zu verderben?...

Sonntagabend in der Baracke. Es werden Gesellschaftsspiele gespielt. Viele Kinder und Jugendliche sind dabei, und wir amüsieren uns köstlich. Das Lagergelände hallt von Gelächter, Geschrei und Beifallklatschen wider. Da öffnet sich die Tür, und die Aufseherin Katja stürzt herein. Sie tobt und schreit und teilt Strafe aus. Zunächst Blocksperre, das heißt, daß niemand für den Rest des Tages die Baracke verlassen darf. Außerdem eröffnet sie die Aussicht auf Paket-, Brief- und Blocksperre für mindestens einen Monat. Plötzlich liegt das Gelände wie tot da. Ich trete in den Speisesaal und erwarte, eine mißgestimmte und murrende Gesellschaft vorzufinden. Kein Gedanke! Alle sind vergnügt, sie essen und schwatzen und machen sich nichts aus der schweren Strafe. In allen Gesichtern steht es zu lesen: Wir haben schon soviel Schweres erlebt, daß uns dies auch nichts mehr ausmacht. «Wir lassen den Mut nicht sinken, wir halten den Kopf hoch!» Das ist der bei uns allen vorherrschende Gedanke.

Es wird nichts so heiß gegessen wie gekocht: Die Sperren werden nicht verhängt. Die «Oberknolle» findet Katja vorlaut und wartet, bis sie selbst einen Grund zu strenger Strafe gefunden hat.

«GERICHTSVERHANDLUNG»

Jettie hat einen Belgier geküßt. Die Herren vom Büro neben unserer Werkstatt haben vor, ihr eine Lektion zu erteilen und wollen «Gericht» spielen. Sie haben Bäffchen aus Pappe umgebunden. Jettie ist die Angeklagte, sie wird verklagt, verteidigt und schließlich verurteilt. Alles geht wirklichkeitsgetreu vor sich und ist äußerst geistreich. Die «Richter» sind aber auch alle im Zivilberuf Juristen oder sonstige Intellektuelle. Einer ist Universitätsprofessor, ein anderer Gymnasialdirektor. Wir freuen uns über alles, was uns über die banale Lageratmosphäre hinaushebt. Jet bekommt allerhand zu hören. Sie ist ein hübsches, flottes Mädchen, das sich mit Männern bedeutend besser versteht als mit Frauen. Sie hat viel durchgemacht.

Zum Totlachen ist der «Richter». Er zieht die Vererbungslehre an den Haaren herbei und zitiert auch sonst noch alles Mögliche aus der Begriffswelt des Nationalsozialismus. Es ist wirklich sehr witzig, und in unserer Fabrikumgebung lebt für kurze Augenblicke so etwas wie eine studentische Stimmung – im allerbesten Sinne des Wortes – auf.

«Fünfzehn!» Mit einem Male stiebt alles auseinander, die Bäffchen werden abgerissen, und wir sitzen plötzlich alle wieder brav bei der Arbeit. Wie der «Weihnachtsmann» eintritt, kann er beim besten Willen keine Ungehörigkeit mehr entdecken. Zum Glück wird er auch noch einen Augenblick aufgehalten von Frau van der Zee, die über Kopfschmerzen klagt. Mit großer Wichtigkeit entnimmt er seiner Tasche ein Röhrchen Aspirin, und als er sie ein wenig später in den Waschraum hineingehen sieht, weil sie sich vor Lachen kaum noch halten kann, meint er: «Jetzt müssen Sie sich aber ruhig hinsetzen, sonst werden die Kopfschmerzen schlimmer.» Inzwischen sind alle Spuren unserer lustigen Unterhaltung getilgt worden. Jeder arbeitet, als ob nichts geschehen wäre.

Wenn ich so über Vught schreibe, dann könnte man annehmen, daß es dort tatsächlich nicht schlimm gewesen ist. War es vielleicht nicht mehr als ein Kriegsabenteuer, im Augenblick zwar unangenehm, im Grunde aber doch ganz interessant?

Nein, nein, Vught ist entsetzlich. Die äußeren Umstände scheinen zunächst ganz erträglich, ja sogar günstig: keine zu schwere Arbeit, viel Luft und Sonne, gegenseitige Freundschaft unter den Häftlingen. Woran liegt es nur, daß die Zeit trotzdem so schlimm und kaum zu ertragen ist? Der Grund liegt nicht im Materiellen. Nein, die Tatsache, daß uns von denen, die unsere Feinde sind, eine solche Behandlung zuteil wird, das nagt an unseren Herzen und quält uns Tag und Nacht.

Werden wir doch alle – selbst Frauen, die meine Mutter sein könnten – schlimmer als Rekruten behandelt. Entehrend ist das, menschenunwürdig!

Wir haben unsere Freiheit verloren, und wer es nicht erlebt hat, kann nicht ermessen, was das heißt. Immer spürt man, daß den anderen die Gewalt über uns gegeben ist, und wir fühlen gequält die eigene Machtlosigkeit. Alles gleitet einem aus den Händen. Man hat oft auch in den Ferien auf jeglichen Komfort verzichtet. Das geschah aber freiwillig. Unser Schicksal liegt in den Händen dummer, minderwertiger Geschöpfe. Wo wir gehen und stehen, werden wir bespitzelt, nicht nur von den Deutschen, sondern auch – und das ist das schlimmste – von ihren Mitläufern unter den Holländern.

Es kann sogar vorkommen, daß Mitgefangene für einen Bissen Essen zum Verräter werden. Wir wissen nie, was im nächsten Augenblick über uns hereinbrechen kann. Fortwährend fühlen wir uns bedroht.

GEGENSÄTZE

Diese Atmosphäre kann nur der mitempfinden, der sie selber zu spüren bekommen hat. Sie ist nicht zu beschreiben. Vielleicht gelingen mir einige Schnappschüsse, aber die werden ebensowenig sagen, wie es jedes landläufige Lichtbild im Grunde tut. Nur der gottbegnadete Künstler würde die in Vught herrschende Stimmung wiedergeben und das seelische Erleben der Häftlinge erschöpfend darstellen können.

Das Radio kreischt wieder einmal. Es gibt insgesamt nur acht Platten, die immer wieder gedreht werden. Oberflächliche Musik, die nur von wenigen unter uns geschätzt wird. Der Apparat wird möglichst laut eingestellt.

Hinter der Lötbank sitze ich mit Lily, wir unterhalten uns leise über eine Predigt. Lily ist Schweizerin, hat ein sonniges, lebhaftes Temperament und ist bildhübsch. Man muß sie immer wieder anschauen und den Liebreiz ihres Gesichts in sich aufnehmen. Der Predigttext heißt: Vergessend, was hinter mir liegt, strebe ich nach dem Ziel zum Preise der göttlichen Berufung.»

Die Maschinen machen Lärm, alle unterhalten sich laut, das Radio überschreit alles. Es ist ein wüstes Durcheinander von Geräuschen, die den Ohren wehtun. Draußen scheint die Sonne auf die hellen Birken und auf die unter elektrischem Strom stehende Stacheldrahtsperre.

Plötzlich ein Toben und Krachen: Die Barackendecke aus Pappe bricht durch! Ein belgischer Mann und eine Frau hatten auf dem Dach die Einsamkeit gesucht, und unter dem Gewicht der beiden brach die sehr mangelhafte Konstruktion zusammen. Der Vormann springt auf den Tisch und hält das Stück Decke, während ein anderer schnell ein paar Nägel in die schmalen Latten schlägt, die das Sperrholz der Decke tragen. Und durchs Radio eine widerliche Frauenstimme, die uns in den Ohren gellt: «Das schmeckt nach mehr, nach mehr...»

Hübsch ordentlich kommen wir im Gleichschritt anmarschiert. Soeben hat Aufseherin Hanny gefragt: «Werdet ihr genauso gut laufen wie gestern?» «Ja, ja», lautete die Antwort, «für Sie tun wir es, Sie sind immer gut und freundlich zu uns.» Manchmal fängt sie ebenso wie ihre Kolleginnen zu schreien an, wenn sie vor der Truppe steht, aber so lautet die

Vorschrift, und ihre Augen lachen fast schelmisch dazu. Immer macht sie ein freundliches Gesicht, und keck sitzt ihr die kleine Quartiermütze auf dem welligen Haar. «Links zwo, drei, vier.»

Wir gehen durch das Fabriktor nach dem Wohngelände. Ich bin mit einem Male ganz vorn, wo sämtliche Aufseherinnen beisammenstehen. Es gibt einige «Ehrenbräute» unter ihnen, junge, ordinäre Mädels, jahrelang im Naziregime erzogen. Jetzt ist ihnen eine große Verantwortung übertragen worden. Sie haben die Gewalt über etwa 700 Menschen, die meist älter und bedeutend gebildeter sind als sie selbst. Sieben junge Aufseherinnen — die «Oberknolle», wie wir sie nennen, an der Spitze — haben über uns zu befehlen. Die Oberknolle ist ein völlig verkrampfter Mensch mit grausamen Augen, nicht älter als 22 Jahre.

Sie kommt auf Maria zu: «Du hast dir die Lippen geschminkt. Warum bloß? Möchtest du den Männern den Kopf verdrehen oder vielleicht mir? Ihr seid Idioten, ihr lauft in dunklen Kitteln mit einer Nummer herum, und trotzdem wollt ihr euch noch hübsch machen.»

Bei einer anderen zerrt sie das Kopftuch herunter. «Locken! Das ist verboten. Ihr müßt euch das Haar ganz straff mit einem Band zusammenbinden. Ihr seid Häftlinge!» So tobt und wütet sie herum. Eigentlich kann man sie nur bedauern. — Maria streitet ab, sich geschminkt zu haben. Sie ist eine junge Frau mit langen, seidigen Wimpern; ein süßes, verträumtes Gesichtchen von silbergrauem Haar umrahmt. Im vergangenen Jahr hat sie es mitansehen müssen, wie ihr Mann vor ihren Augen ermordet wurde. Sie ist jetzt schon über ein Jahr hier in Haft.

Über uns wölbt sich der wundervolle Brabanter Himmel mit seinen unwirklichen Pastellfarben in gold, rosa und zartgrau. Ein Reiher fliegt gerade über unsere Köpfe hinweg.

Katja, die jüngste Aufseherin, inspiziert die Truppe. Sie erwartet ein Kind. Es wird gemunkelt, daß Meijerhof der Vater sei, ein langer Offizier, der eine Zeitlang unser «Ober» gewesen ist. Ein grausamer Mensch, der entsetzlich fluchen und schimpfen kann.

Katja sieht uns immer haßerfüllt an. Sie hat die Gewalt, uns schlecht zu behandeln, und wendet sie an, wo sie nur kann.

Sie benimmt sich wie eine Straßengöre und droht uns die unmöglichsten Strafen an. Und doch, wenn ich sie so ansehe, dann habe ich Mitleid mit ihr. Neunzehn oder zwanzig ist sie, aber ihr fehlt jegliche Spur von Jugend. Sie zieht die Mundwinkel herab, als ob sie sich innerlich vor Gram und Qual verzehrte. Ein armseliges, bedauernswertes Geschöpf.

Neben uns stehen die Kinder in Reih und Glied. Es sind etwa zanzig, große und kleine. Das allerkleinste, ein süßer kleiner Kerl, sitzt auf dem Arm seiner Mutter. Plötzlich ruft er: «Katte ja» und streckt seine molligen Ärmchen nach ihr aus. Wie selbstverständlich erscheint diese kindliche Gebärde. Dieses Kind mit den Grübchen in den Wangen ahnt noch nichts von Knechtschaft und Zwang. Mit einem Male verändert sich der Ausdruck auf Katjas Gesicht. Ein wenig verschämt sagt sie dem Kind ein Kosewort und streichelt es im Vorbeigehen.

Kinder sind in der Haft der größte Trost und zugleich das Trostloseste, was man sich denken kann. Hier in Vught sehen sie gesund und wohl aus. In der Zelle drohte eine leise Kinderstimme einen der Verzweiflung nahe zu bringen. In Scheveningen wurden die Kinder nie an die Luft gebracht, und nur selten durften sie eine kurze Weile im Gang herumlaufen. «Bleibt die Tür jetzt offen?» habe ich dort einmal einen kleinen Jungen mit ganz tiefer Stimme seine Mutter fragen hören. Das war das Gefängnis.

Heute morgen ist Nummer eins aufgerufen worden. Sie hatte am längsten gesessen von uns allen. Sogar die Aufseherin, die die Liste von der Kommandantur geholt und die Nummern anscheinend noch nicht durchgesehen hatte, schwingt sich zu fast begeisterter Anerkennung auf: «Sieh mal an, die Nummer eins!» Und Nummer eins trat heraus aus jenen Reihen, wo die Arbeitskommandos in Fünferreihen standen. Ihr schwindelte ein wenig, als sie vor der Schreibstube stand, und es sah fast so aus, als ob sie umsinken würde. «Setz dich doch», riefen wir. Sie sank nieder auf eine unbequeme Bank aus roher Birke, den Arm auf der Lehne, den Kopf gesenkt. So saß sie immer noch, als wir abmarschierten: «Im Gleichschritt marsch, zwei, drei, vier.» Die Wolken im Osten leuchteten in glühenden Farben; die Sonne war eben aufgegangen, und ihre ersten Strahlen erhellten die Weite um uns und senkten ihren Widerschein auch in unser Gemüt.

Das runde rote Tuch

In der Nähstube beobachtet Betsie, wie einer der weiblichen Häftlinge ein großes rundes Stück roter Leinwand auf ein weißes Quadrat näht und das Ganze auf den Rückenteil eines dunkelblauen Kittels befestigt. Es ist für Frau Bosman bestimmt, die versucht hat, aus dem benachbarten Lager zu fliehen und mit noch zwei anderen ergriffen worden ist. Ihrer harrt der Bunker, und solange sie den Kittel trägt, wird sie auch das runde rote Tuch auf dem Rücken tragen: das Ehrenzeichen. Sie war über mehrere Dächer geklettert, weite Strecken gelaufen, dann erhascht und zurückgebracht worden. Stundenlang hat sie stehen müssen. Sie durfte sich nicht hinlegen, auch nachts mußte sie im Soldatenschlafsaal auf dem Fußboden sitzen. Sie sieht abgespannt aus, spielt jedoch die Tapfere und Vergnügte. Sie hat eben die Nachricht erhalten, daß ihr Mann, Dr. Bosman, unterwegs im Zuge von einem Granatsplitter getroffen worden ist. Er hat dabei einige Finger eingebüßt, sonst geht es ihm aber leidlich.

Ich muß an das letzte Mal denken, wo ich sie in Haarlem gesehen habe, und bin stolz auf unsere niederländischen Frauen.

«Stosstrupp»

Hübsche, aber leere Gesichter, laute Stimmen. Immer weiß man es sofort, wenn sie da sind. Furcht kennen sie nicht. Wenn alle mäuschenstill zuhören und das Schimpfen und Drohen der «Vorgesetzten» über sich ergehen lassen, dann müssen sie eine freche Antwort geben. Sind die Vorgesetzten Männer, so wissen sie auch, daß sie wegen ihrer Frechheiten keine Strafe zu befürchten haben. Immer kommen sie als letzte zum Appell. Einige von ihnen stehen auch häufig am Stacheldrahtzaun, der uns von der Männerabteilung trennt. Manchmal klettern sie aufs Fensterbrett, um auf das Gelände der Männer sehen zu können. Beim Appell werden wir dazu angehalten, diese «Stoßtruppangehörigen» zu verpetzen, wenn wir sie «auf verbotenen Wegen» ertappen. «Ihr seid doch nicht alle Huren», schreit die Aufseherin.

JANNEKE

Es ist warm in der Baracke. Die Relaisspulen scheinen sich vor Hitze fast auflösen zu wollen. Die Feuerwehr spritzt Wasserstrahlen über die Dächer. Soll es nur eine Übung sein, oder glaubt man, daß die Sonne deshalb weniger auf die schwarzgeteerten Dächer herabbrennen werde? Dann und wann tropft der geschmolzene Teer in die Dachrinne und an den Fenstern entlang weiter nach unten.

Einige von uns haben sich hingelegt und schlafen in äußerst unbequemer Stellung. Manche auf der Bank, den Kopf auf einen Stoß Verpackungsmaterial gebettet, andere vornübergebeugt, den Kopf auf den verschränkten Armen. Die Luft vibriert über der heißen Erde. Ich trage nur meinen Kittel und habe die Hosenbeine aufgerollt.

Mit einem Ruck öffnet sich die Tür und herein stürzen Jan und Jannecke, die sich haschen. Sie haben Gefäße mit Wasser in der Hand, das sie sich über die Werkbänke hinweg gegenseitig ins Gesicht spritzen. Rücksicht auf das Handwerkszeug oder auch nur die geringste Sorgfalt in bezug auf das Arbeitsmaterial kennen sie nicht. Es wird eine wüste Balgerei. Janneke ist eine dunkelhaarige Belgierin mit lachenden Augen. Jan ist Kommunist und Vorarbeiter in unserer Abteilung. Der Boden schwimmt. Unter lautem Jubel wird Janneke von Jan und einigen anderen in den Waschraum getragen. Hinein in die Wanne und die Hähne aufgedreht...

«Dicke Luft!» Mit einem Male ist alles wieder ruhig. Scheinbar voll Eifer haben alle ihre Arbeit wieder aufgenommen, das Gelächter wird mühsam unterdrückt. Janneke rettet sich in die Toilette. Die Reinmacherin wischt den Boden auf. Der von allen gefürchtete Müller tritt in den Saal. Er kann beim besten Willen aber keinen Grund für Meldungen oder Schimpfereien entdecken: Alles arbeitet vorschriftsmäßig und korrekt weiter. Müllers Augen sind stechend und versprechen nichts Gutes. Er ist sichtlich enttäuscht, daß er nichts zu bemängeln hat.

Am anderen Morgen wird der «Produktionswagen» in den Arbeitssaal hineingefahren. Es ist eine alte Lore mit knarrenden Eisenrädern. Sie macht einen Heidenkrach, zumal der Fahrer absichtlich überall anstößt, um den Lärm nur ja zu vergrößern. Mit einem Satz springt Janneke auf das wacklige

Gefährt, und nun beginnt eine lustige Fahrt durch den ganzen Raum. Wild und aufgeregt läßt sich Janneke schließlich völlig außer Atem vom Wagen fallen. Janneke ist groß und dick. Das Radio schreit: «Es geht alles vorüber ...»

GEMELDET

Wir stehen draußen vor der Schreibstube. Es ist Abend, und hinter uns liegt ein langer, schwerer Arbeitstag. Zwar wird nicht volle elf Stunden lang ununterbrochen gearbeitet, aber trotzdem müssen wir den ganzen Tag in der Fabrik sein. Wir bekommen viel zu wenig Schlaf. Der Tagesbetrieb ist enorm anstrengend, und abends sehnt man sich nach der wohlverdienten Bettruhe. Dennoch müssen wir noch zwei Stunden lang in Reih und Glied warten, bis wir hereingelassen werden, um unser Urteil zu hören. Wir sind nämlich «gemeldet» worden. Ein Stück weiter steht eine Gruppe Häftlinge, die ein Paket abholen wollen. Sie unterhalten sich und können sich frei bewegen. Wir aber dürfen uns nicht von der Stelle rühren und müssen strammstehen. Gemeldete sind vogelfrei. Schutzlos sind sie allen erdenklichen Demütigungen ausgesetzt.

Aber mit gedämpfter Stimme sprechen wir miteinander über die vorliegenden Möglichkeiten. Das Urteil wird wohl «Bunker» heißen. Janneke und ich haben uns des gleichen «Verbrechens» schuldig gemacht: Beim Händewaschen haben wir uns mit dem neuen Putzmeister unterhalten. Er erzählte mir von seiner Arbeit daheim. Er ist ein Kleinbauer aus der Provinz Nordholland, also im wahrsten Sinne des Wortes ein «Landsmann» von mir. Gerade als er mir erzählte, daß er, um seine vier Kühe richtig ernähren zu können, den Deich gepachtet habe, wo ausgezeichnetes Grünfutter wachse, stand plötzlich die Aufseherin wie aus dem Boden gewachsen hinter uns. Mir fuhr der Schreck richtig in die Glieder. Es wurde ein regelrechtes «Protokoll» aufgenommen: Unsere Nummern, Geburtsdaten usw. wurden eingetragen. Es ist ein für allemal verboten, mit Männern zu reden.

Janneke meint: «Wenn wir in den Bunker kommen, dann hoffe ich nur, daß wir zusammenbleiben. Dann wollen wir viel zusammen beten. Hier wird kaum jemals etwas daraus. Dort wird es unheimlich still sein. Ich werde meinen Rosenkranz unter meinen Kleidern verstecken.»

Es wird nicht ganz so schlimm. Lediglich eine auf lächerlich «wichtigem» Papier getippte Verwarnung müssen wir unterschreiben. Sie wird dem vorhandenen Dossier beigefügt. Auch Janneke bekommt keine weitere Strafe. Meijerhof beschränkt sich darauf, einige von uns gewaltig zu beschimpfen. Janneke aber lacht er an. Sie hat zwei Reihen blitzend weißer Zähne...
Bei einem Luftangriff wird Janneke von einem Granatsplitter in die Hüfte getroffen. Sie kommt ins Krankenhaus. Ich weiß, daß sie ihren Rosenkranz bei sich hat. Sie wird beten.

Freiheit winkt

Bulgarien hat kapituliert. Keiner darf es wissen, aber jeder weiß es. Die Prinzessin-Irene-Brigade nähert sich Belgien. Wir wissen darüber Bescheid, wie weit sie noch von Vught entfernt sind, es kommt uns fast auf den Zentimeter an. Jeder unterhält sich mit jedem. Die Arbeit interessiert uns kaum noch. Haben wir einen Fehler gemacht? Es kümmert uns nicht. Haben wir unser Produktionssoll nicht erfüllt? Es ist uns gleich: Jetzt gibt es Wichtigeres!

Die niedrigen Nummern wagen nicht recht, sich zu freuen. In den Konzentrationslagern bekommt man eine dem Einlieferungsdatum entsprechende Nummer. Deshalb sind die Häftlinge mit den niedrigen Nummern die, die schon sehr lange sitzen. «Die aufgeschobene Hoffnung kränkt das Gemüt», und wie lange hoffen sie nun schon. Manche haben $1^1/_2$ Jahre Haft hinter sich. Jetzt aber wird von Wochen gesprochen, die man noch aushalten muß!

Die Aufseherinnen sind heute wie verstört. Es braucht weder «Dicke Luft» noch «Fünfzehn» gerufen zu werden. Beim Eingangstor der Philipswerke steht nicht ein einziger Offizier. Der «Weihnachtsmann» raspelt Süßholz mit Liesel. Er habe solches Mitleid mit uns. «Solche gebildeten Frauen» und dann diese ungebildeten Aufseherinnen, es sei doch furchtbar für uns. Nein, von ihm würden wir niemals etwas zu befürchten haben, er empfinde unsere Qual mit! Der Weihnachtsmann hat seinen Spitznamen dem Umstand zu verdanken, daß er gerade Weihnachten ins Lager kam und gleich bei seinem Einzug zwei Männer erschlagen hat...

«Also, Sie müssen bis auf zwölf Milli-Ampère abgemessen werden», sagte der «Stichprobenmann» zu mir. Meine Gedanken aber weilen in Haarlem und Belgien. Wie lange noch? Die Milli-Ampère können mir egal sein: Viel wichtiger ist es, wieviel Kilometer die Prinzessin-Irene-Brigade noch von Holland entfernt ist. Ein Junge unterhält sich lebhaft mit einem Kreis junger Mädchen, die um ihn herumstehen: «Es kann sich höchstens noch um vier Tage handeln», meint er.

«Jetzt haben wir den 24. August, und ihr werdet sehen, wenn wir morgen aufwachen, hat sich die gesamte Bewachung aus dem Staub gemacht.»

Heute mittag liege ich mit Mien an unserer kleinen Düne und phantasiere. Mien geht jegliche Phantasie ab. Ich sage zu ihr: «Wir gehen in der Zijlstraat. Siehst du das Licht, das von Westen her auf die Bavokirche fällt? Wir treten in die Kirche ein: Ich höre die Orgel. Marie Barbas, die Organistin, weiß, daß wir wiedergekommen sind, und spielt: «Aus tiefer Not schrei ich zu Dir» und «Was die Zukunft bringen möge». Die Sonne scheint durch die bunten Fenster. Spürst du die Kellerluft? Jetzt betritt Pastor van der Waal die Kanzel.»

«Die Wache wird abgelöst», sagt Mien. Ich seufze und blicke zum malerischen Wachhäuschen hinüber. Die von großen Überzügen verhüllten Maschinengewehre sind unseren Blicken entzogen.

«Mien, ich treffe dich in der Grote Hutstraat. Kommst du mit zu Vroom en Dreesmann? Möchtest du einen Thé complet?»

«Was ist das?», fragte Mien. «Eine ganze Kanne voll Tee, mindestens drei oder vier Tassen, kleine Törtchen, Plätzchen, Pralinen, pikante Häppchen und Toast.» «Heute bekommen wir Erbsensuppe mit Graupen», ist Miens Antwort. «Du bist jetzt nicht in Vught, sondern in Haarlem», versuche ich nochmals. Es gelingt mir aber nicht, sie aus der rauhen Wirklichkeit ins Reich der Phantasie zu führen.

Alle sind vergnügt in der Baracke 35. Jedermann verrichtet seine Arbeit ohne Murren, ja, sogar heiteren Gemüts. Es wird viel geschwatzt. Wer hereinkommt, stellt sich quasi gleichgültig hinter eine seiner Bekannten und flüstert ihr die soeben vernommenen Neuigkeiten ins Ohr. Es herrscht eine hoffnungsfreudige Stimmung.

In der Waschkabine der Baracke 24 liegt ein Brotpäckchen, das Frau Diederiks heute morgen für ihren Mann zurechtgemacht hat. Er arbeitet in der gleichen Baracke wie sie. Sie ist eine zarte Frau mit außergewöhnlich feinen, intelligenten Zügen. Sie trägt ein Kind unter dem Herzen. Ihr erstes. Heute nacht ist Herr Diederiks erschossen worden...

FARBENSPIEL

Es ist Sonntagnachmittag. Wir sind alle draußen. Es ist wunderbares Wetter, und um und über uns geschehen Wunder. Freiheit winkt. Die Engländer nähern sich den Niederlanden. Aus Frankreich werden Landungen gemeldet. Am Himmel erscheinen Farben. Alle Farben des Regenbogens. Nicht in einem glatten Bogen, der Sonne gerade gegenüber, sondern da und dort kleine Teile eines Kreises, gänzlich unabhängig vom Sonnenstand. Es spielen Lichtreflexe am Rand einer Wolke, die ihrerseits wieder eine fernergelegene Wasserfläche widerspiegelt. Ich wünschte Felix Timmermanns zu sein, der solche Bilder so großartig zu beschreiben versteht. Seht euch das nur an: welches Farbenspiel! Es ist ein Wunder der Natur, wie ich es noch niemals gesehen habe. Der Herr sendet uns eine Botschaft, eine himmlische Botschaft. Heißt sie, daß unser Leben nun wieder Farbe bekommen wird? Daß die Freiheit, das Ende der Trübsal naht? Oder will der Herr unsere Seelen emporheben und uns sagen: «Sehet auf Mich. Bei Mir ist Licht und Schönheit und Farbenfreude. Laßt euch nicht von den Umständen beherrschen, die euch jetzt das Leben so schwer machen. Schlagt eure Augen zu Mir und hebt die Herzen empor.» Zeigt uns Gott ein Stück vom Himmel?

«Schau, Betsie, die Farben verändern sich. Jetzt kommt auch noch Gold dazu. Es muß ein Stück vom Himmel sein!»

«Und Vaters Freude wird vollkommen sein», flüsterte Betsie.

«Einst werden wir seine Freude teilen dürfen.» Wie können Farben glücklich machen!

SPANNUNG

In unserer nächsten Nähe werden Brücken gesprengt. Die Explosionen sind derart stark, daß wir den Mund weit öffnen, um das Trommelfell zu schonen. Anstatt der Hoffnung hat sich jetzt Angst unserer bemächtigt. Am Stacheldrahtzaun, der uns vom Männerlager trennt, stehen die Frauen eng zusammen. Sie stehen auf Bänken und Fenstersimsen. Es ist drüben irgend etwas los. Die Männer sind alle auf dem großen Platz angetreten.

Eine kleine blasse Frau neben mir sagt: «Ich kann meinen Mann von hier aus stehen sehen. Ob es das letzte Mal ist, daß ich ihn sehe? Ich habe solche Angst, daß sie ihm etwas ganz Schlimmes antun.» Keiner antwortet, bis eine von uns sagt: «Jetzt werden aus allen Gruppen einzelne Männer zum Vortreten aufgerufen.» Namen erklingen, aber wir können sie nicht verstehen. Wir warten endlos. Entsetzen lähmt uns.

«Jetzt marschieren viele zum Tor hinaus. Sicher werden sie nach Deutschland abtransportiert.» Minutenlang hören wir das Dröhnen schwerer Schritte. Dann ist es still, totenstill. Immer noch warten wir. Auf was eigentlich? Eine springt von der Bank herunter und verschwindet in der Baracke. Stumm folgen die anderen. Niemand spricht ein Wort.

Und dann hören wir einhundertachtzig Schüsse... Jeder Schuß bedeutet das Lebensende eines tapferen, vaterlandsgetreuen Niederländers. Das wissen wir. Ich lege meinen Kopf auf Betsies Schulter. Können Schmerz und Elend so unsagbar schwer werden, daß man darunter zusammenbricht? «Betsie, ich kann nicht mehr. Dies ist zuviel. Warum, Herr, läßt Du dieses zu?» Ahnt Betsie nicht, was um sie herum vorgeht? Ihr Gesicht sieht friedlich aus. Kann sie das Schlimme nicht erfassen? Verstohlen fasse ich ihre Hand und ziehe sie fort, auf die gegenüberliegende Seite der Baracke. Ich halte Zwiesprache mit Gott. Ich muß an einen Sonntagabend in Lunteren denken, wo wir als junge Menschen um den Sadhu Sundar Singh herumsaßen und ihn alles fragen durften, was wir nur wollten. Ein junger Student fragte: «Warum hat Gott zugelassen, daß so viele Unschuldige im Kriege fielen?» Der Sadhu antwortete: «Weil Gott es für sie für richtig hielt.»

Wenige Augenblicke später gehen wir schlafen. Betsie und

ich liegen nebeneinander in unseren engen Betten. Ich schlafe nicht, aber Ruhe und Frieden senken sich in mein Herz, und ich weiß, daß der Herr sie mir geschenkt hat. Gott irrt sich niemals. Das Leben und Sterben um uns herum erscheint uns wie ein düsterer Teppich mit furchterregendem, sinnlosem Muster. Das ist aber nur die untere Seite, die wir mit unseren erdgebundenen Augen zu erblicken vermögen. Einst werden wir auch die obere Seite sehen dürfen. Dann werden wir ob des unfaßbaren Wunders staunen und Gott dafür danken.

Abtransport nach Deutschland

«Betsie, wir sitzen in einer schwierigen Klasse der Lebensschule, aber Jesus ist der Lehrer. Er wird uns helfen. Mit Seiner Hilfe wird es uns gelingen, das Abgangszeugnis zu erwerben, wenn wir uns nur Ihm ganz hingeben und von Ihm führen lassen. Die nächste Stufe wird dann um so leichter sein.» «Bald bekommen wir Ferien», sagt Betsie. Wir hocken alle zusammen in einem Viehwagen. Vierzig Menschen faßt der enge Raum, wir aber sind unser achtzig. Dennoch gelingt es uns, eine bequeme Stellung zu finden, die fast dem Sitzen gleicht. Nirgends gibt es Fenster. Lediglich ein paar schmale Schlitze lassen ein klein wenig — jämmerlich wenig — frische Luft durch. Die Luft im Wagen ist mehr als verbraucht, und allmählich verbreitet sich ein fürchterlicher Gestank. Schon beim Antreten zum Transport war mir schwindlig geworden, und es wird mir immer schlechter. Stundenlang haben wir stehen müssen. Um uns herum sahen wir, wie das Lager Vught völlig aufgelöst wurde. Aktenhefte wanderten stoßweise in große Frachtautos, um zum Verbrennungsofen gebracht zu werden. Wir sahen später Rauchsäulen emporsteigen. Die Kranken aus dem Revier wurden auf Karren an uns vorbeigefahren. Ausgemergelte Körper, todkranke Männer. Sie wurden alle in einen langen Zug geladen. Wohin wird man uns bringen?

Wir wissen schon, daß dies nicht die Freiheit bedeutet. Langsam ist es uns klar geworden. Die Hoffnungsfreudigkeit ist verflogen und weicht immer mehr einer verzweiflungsvollen Gewißheit: Man schickt uns nach Deutschland. Fort aus Holland, das bald befreit sein wird. Tief ins deutsche Land hinein, der Willkür übelwollender, grausamer Feinde schutzlos preisgegeben. Mir ist zum Ersticken elend zumute. Um uns herum sitzt die «Stroßtruppe». Ungebildete Mädchen und Frauen. Jetzt sind auch sie voller Angst, sie sind enttäuscht und wütend. Ihre mit Unflätigkeiten gespickte Unterhaltung macht den Aufenthalt im Viehwagen noch unerträglicher. Aber auch sie leiden unter Sauerstoffmangel. Mit einem Messer und anderen harten, spitzen Gegenständen versuchen einige, die Wand aufzureißen. Das Holz ist zwar hart, aber es ist alt und vermodert, und schließlich gelingt es, einen breiteren Schlitz in die Wand zu reißen oder zu schneiden, der infolge stetig fortgesetzter Bemühungen immer größer wird. Allmählich weicht die Beklemmung, und wir atmen wohlig die einströmende, herrlich frische Luft. Die Erstickungsgefahr ist wenigstens gebannt.

Dicht neben mir sitzt eine «Ehrenbraut». Man hat sie gefaßt, weil sie einen deutschen Soldaten infiziert hatte. Sie ist freundlich zu mir und macht mir Platz, soweit es nur irgendwie möglich ist, damit ich meine Beine ein wenig strecken kann. Leise unterhalte ich mich mit ihr. Das Leben hat uns zusammengeführt. Ich denke an ihre Zukunft und erzähle ihr vom Herrn Jesus, der auch sie in Seine allumfassende Liebe miteinschließt.

«Solltest du jemals der Hilfe bedürfen, dann komm zu mir. Ich wohne...» Ja, wo wohne ich? Wird die Barteljorisstraat jemals wieder mein Zuhause sein? Auch ich gehe einer ungewissen Zukunft entgegen.

> Was die Zukunft bringen möge, mich leitet meines Herren Hand.
> Mutig blicken meine Augen nach dem unbekannten Land.
> Lehr' mich folgen ohne Fragen. Vater, was Du tust, ist gut,
> Lehr' mich nur das Heute tragen mit vertrauensstarkem Mut.

Wie oft habe ich dieses Lied gesungen! Wie leicht floß es mir von den Lippen. Jetzt erst hat jedes Wort einen tiefen Sinn für mich bekommen, aber auch jetzt erst spendet es wahren Trost.

Plötzlich schlagen Hagelsteine an die Bretterwand unseres Wagens. Hagel? Im Sommer? Doch nein, es sind Gewehrkugeln. Mit einem Ruck hält der Zug. Oben auf unserem Wagen steht ein Maschinengewehr, wahrscheinlich ist der Angriff darauf gemünzt gewesen. Die lauten Schläge lassen uns zusammenfahren. Weitere Gewehrsalven folgen, aber die Wand schützt uns. In atemloser Spannung verfolgen wir die Geschenisse. Ich ergreife Betsies Hand. Wir sind beide ganz ruhig. Noch befinden wir uns diesseits der Grenze, aber wenn der Befreiungsversuch (ist es ein solcher?) gelingt, wo sollen wir dann hin? Es sind Tausende von Gefangenen in unserem Zug. Tatsächlich stellt es sich heraus, daß man uns hat retten wollen, aber der Versuch war nicht genügend vorbereitet gewesen und mußte infolgedessen scheitern. Einige der Befreier werden gefaßt. Wer weiß, was man mit den armen Kerlen anstellen wird. Den übrigen gelingt es zu entkommen. Lange noch hält der Zug. Jetzt ist der letzte Hoffnungsschimmer verflogen. Wir fahren weiter, immer weiter und passieren die Grenze. Einige Wagen weiter wird gesungen: «Ade, mein teures Heimatland, lieb Vaterland, ade ...»

Viele von uns werden die Heimat niemals wiedersehen. Wie traurig klingt dieses Lied. Einmal hörte ich es, als ein Dampfer nach dem ehemaligen Niederländisch-Indien abfuhr. Da klang es auch traurig, aber die Reise wurde freiwillig gemacht und führte zu einem selbstgewählten Ziel. Die Menschen, die sich voneinander verabschiedeten, litten auch unter der bevorstehenden Trennung, aber voller Hoffnung klammerte man sich an das künftige Wiedersehen, obgleich es vielleicht noch in ferner Zukunft lag.

Heute abend wird das Lied von Verfemten, aus der eigenen Heimat Ausgewiesenen und Verbannten gesungen. Man hat sie von ihren Angehörigen weggerissen. Welcher Schmerz kann in einem so schlichten Lied liegen! Langsam wird es finster. Ich schlafe ein und vergesse alles um mich herum. Immer weiter fahren wir, tief nach Deutschland hinein. Als ich aufwache, ist es schon hell, und es wird Brot und Butter verteilt. Es gibt viel Brot im Wagen. Manche haben die Brote zu kleinen Hockern zusammengebaut und sitzen darauf. Plant man eine lange Reise, da soviel Proviant mitgenommen wurde? Wie entsetzlich ist das Reisen unter solchen Umständen. Der Wagen starrt vor Schmutz. Jegliche noch so primitive Einrichtung fehlt, sogar den dringendsten Bedürfnissen kann kaum abgeholfen werden.

Mir wird immer schlechter, dann aber überkommt mich eine Apathie, die mich gegen alles gleichgültig macht. Betsie schaut durch eine Wandritze und berichtet, was sie unterwegs sieht vom armen, zerstörten Land. Schrecklich zertrümmerte Städte, aber auch schöne grüne Wiesen und waldbewachsene Hügel. Wie oft haben wir an solchen Stätten unsere Ferien verlebt und uns an der herrlichen Natur erfreut. Wir haben viele Auslandsreisen gemacht, und nie hätten wir damals vermuten können, daß wir heute zwangsläufig hierher verschleppt werden sollten. Manche Gegenden sahen so friedlich aus: Da könnte man meinen, der Krieg und alles Schreckliche wäre nur ein bitterböser Traum . . . Immer weiter geht es. Drei lange Tage und drei noch längere Nächte. Dann sind wir in Oranienburg. Der größte Teil des Zuges, worin die Männer sich befinden, wird abgehängt.

Ich flehe um Wasser. Hin und wieder ist ein Eimer Wasser zu uns hereingereicht worden, aber in unserem Wagen herrscht kein Zusammengehörigkeitsgefühl, und die wenigsten unter uns kümmern sich um ihre Mitreisenden. Wer dem Eimer gerade am nächsten saß, bemächtigte sich eines frischen Trunkes, ja riß den anderen sogar den Wasserbecher vom Munde. Wie schrecklich wirkt Durst! Eine von uns schlägt an die Wand und ruft: «Wir haben hier eine Kranke. Sie verdurstet, wenn ihr uns kein Wasser bringt.»

Die Schiebetüren öffnen sich, und herrlich frische Luft strömt zu uns herein. Ich atme tief und wie erlöst. Leider stellen sich aber sofort viele an die weitgeöffnete Tür und verhindern so, daß die Luft auch zu den anderen gelangt. Bald wird es wieder stickig. Betsie reicht mir einen Becher Wasser. Ich trinke gierig, und es kostet mich die größte Überwindung, noch etwas für nachher, wenn der große Durst wiederkommt, aufzuheben. Dann aber befällt mich eine dumpfe Betäubung, und ich fange an zu phantasieren.

Ich bin ganz woanders: in einem Krankenhaussaal. Ich versuche zu schreien: «Schwester, geben Sie mir Wasser», aber ich bringe keinen Ton heraus. Als ich wieder zu mir komme, hält der Zug in Fürstenberg. Die Wagentüren werden geöffnet, und wir wanken hinaus ins Freie. Wie wunderbar ist das. Mit einem Schlage hebt sich unsere Stimmung. Neue Hoffnung erfüllt uns. Freundinnen finden sich wieder. Nach langem Warten müssen wir uns in Fünferreihen anstellen und zum Lager Ravensbrück marschieren. Wieder quält mich der Durst, und ich überlege, ob ich einen der an uns vorbeigehenden Dorfbewohner um Wasser bitten könne. Es fragt sich aber, ob man mir etwas geben darf und ob sie überhaupt mit uns reden dürfen. Es sind Deutsche, und wir? Verfemte und geächtete Holländer. Häftlinge noch dazu.

Soldaten gehen hinter uns. Es sind nur wenige. Aber auch gegen sie würden wir nichts ausrichten können. Es genügen wenige, um uns schwache, überanstrengte und erschöpfte Frauen in Schach zu halten. An einem See machen wir halt. Ich kann nicht mehr weiter. Betsie und eine Freundin haben mich gestützt, jetzt lasse ich mich auf den Rasen sinken und blicke um mich. Ein herrlicher See und dahinter eine kleine, an einen Hügel gelehnte Kirche mit Abtei. Wälder und Äcker. Wie schön ist die Welt, und wie häßlich machen sie die Menschen! Die Landschaft läßt mich denken an die Worte vom 23. Psalm: «Grüne Auen und stille Wasser.» Und dann sage ich mir: «Und ob ich schon wandelte im Tal der Todesschatten, Dein Stab und Dein Stecken trösten mich.»

Das Tal der Schatten

Ein großes Tor führt in das Lager Ravensbrück. Ein Schlagbaum hebt sich, und wir passieren die Wache. An beiden Seiten stehen SS-Offiziere und Aufseherinnen.

Wieder marschieren wir in Fünferreihen. Wir tragen unsere blauen Kittel aus Vught, und in diesen Augenblicken lebt der Stolz der niederländischen Frauen auf. Eine von uns stimmt an: «Wir lassen den Mut nicht sinken, wir tragen den Kopf noch hoch ...»

Seltsam, daß sich uns dieses Lied gerade jetzt auf die Lippen drängt: Leider haben sie uns in ihrer Gewalt, und es sieht nicht danach aus, als ob wir unseren grausamen Machthabern entrinnen könnten. Oder lebt in uns immer noch eine innere

Kraft? Wird es ihnen wirklich nicht gelingen, uns unterzukriegen?

Holländische Frauen, die schon lange im Lager lebten, haben uns später gesagt: «Wir waren so stolz auf euch, als ihr mit diesem Lied auf den Lippen hereinmarschiert kamt. Trotz Ermüdung und Schwäche war eure Haltung tapfer und ungebeugt.»

Und der Kommandant soll geäußert haben: «Ich verstehe diese holländischen Frauen nicht. Man steckt sie drei Tage und drei Nächte in einen Viehwagen, und nachher kommen sie noch erhobenen Hauptes ins Lager einmarschiert mit Gesichtern, als ob sie sagen wollten: Uns kriegt ihr nicht unter, es ist uns alles gleichgültig, was ihr mit uns macht. Und das erste, was sie tun, ist einen Wasserhahn ausfindig zu machen und sich zu säubern.»

Ja, jetzt ist unsere Haltung allerdings stolz und tapfer. Was aber wird Ravensbrück aus uns machen? Wird Stolz allein genügen, um diesen Pfuhl von Elend und Grausamkeit aushalten zu können?

Als wir auf der Lagerstraße stehen, sehen wir ein Arbeitskommando vorübergehen. Es gibt gesunde, kräftige junge Mädchen darunter. Ob Ravensbrück tatsächlich so schlimm ist, wie wir es uns vorstellen? Es hat den Anschein, daß man auch hier am Leben bleiben kann.

Ich ahne noch nicht, daß in der Tat viele junge und kräftige Menschen hier durchzuhalten vermögen, daß aber alle Schwachen und Kranken innerhalb kurzer Zeit sterben und auch manche unter den Starken dieses harte Leben voller Gefahren nicht überstehen. Und auch das stimmt nicht ganz, denn es gibt auch Schwächere und Kranke, die diese Lagerzeit überleben, wenn sie auch eine geringe Minderheit bilden.

Nach langem Stehen müssen wir zu einem Zelt laufen, wo Stroh am Boden liegt, voll Ungeziefer. Magere Frauen stehen vor Baracken und flehen um Brot. Überall sehe ich skelettartige Arme ausgestreckt. Wir haben noch Essen bei uns und versuchen, ihnen Brot zuzuwerfen. Aber dann schlagen die Aufseherinnen diese Menschen weg. Was für ein Ort des Hungers und der Grausamkeit!

Durchs Fenster spreche ich mit einer Holländerin. «Wie ist es hier?» frage ich, «kann man es aushalten?» Voller Zynismus antwortet sie. Das macht mich böse und unglücklich. So arg wird es gewiß nicht sein. Warum muß sie mir allen Mut nehmen? Ich weigere mich, ihr zu glauben.

Im Zelt ist ein wüstes Durcheinander. Auf einer Seite ist ein kleiner Platz für Betsie und mich, und wir setzen uns dort auf unsere Decken. Wegen des Ungeziefers beschließen wir, unser Haar sofort kurz zu schneiden. Ich begrabe ihr langes, welliges Haar im Sand. Es macht mich traurig. Wie töricht ist es; es gibt ja soviel, was unendlich viel schwerer ist.

Bald werden wir wieder aus dem Zelt gejagt und müssen uns beim Sandplatz aufstellen. Der Boden ist hier schräg gegen die Zementmauer erhöht, die das Lager von allen Seiten umgibt. Der Stacheldraht auf der Mauer steht unter Strom. Bretter mit einem Totenkopf warnen vor Gefahr und bilden eine düstere Verzierung der Mauer.

Als es Abend wird, legen sich einige auf den Boden. Bep und ich bleiben stehen, aber auf einmal merken wir, daß wir hier über Nacht bleiben müssen, unter freiem Himmel. Ganz nahe aneinander geschmiegt legen wir uns hin und ziehen die Decken über uns. «Er gibt Seinen Geliebten Schlaf», sagt Betsie. Über uns sind Sterne. Er, der die Sterne in ihren Bahnen lenkt, wird auch uns nicht verlassen. «Schwarz ist die Nacht und dicht die Finsternis; leite Du mich, Herr!» bete ich, und dann fallen wir beide in Schlaf.

Ich erwache, als es zu regnen beginnt, und ziehe nun die Decken über unsere Gesichter. Es ist Mitternacht. Wie schade, daß alles so naß wird! Ich schaue mich um. Da sind Hunderte von Menschen, die so am Boden liegen. Überall um uns her und weiter herum die schwarzen Silhouetten von dunklen Baracken. Was wartet unser in diesem Konzentrationslager?

Was wird Ravensbrück uns bringen? Betsie zeigt nach oben, wo die Sterne glitzern und strahlen. «Schwarz ist die Nacht und dicht die Finsternis, o Herr, führe Du mich», beten wir, und dann umfängt uns der Schlaf, der große Wohltäter.

RAVENSBRÜCK

Engel behüten uns

Wieder ist es Nacht. Wir stehen auf dem großen Platz vor dem Hauptgebäude. Wir halten uns umschlungen und ziehen die aus Vught mitgebrachte Decke fest um uns herum. Es ist sehr kalt. Zwei Tage und zwei Nächte haben wir uns nun schon draußen aufhalten müssen. Jetzt stehen wir in langer Schlange vor dem Duschraum. In dem düsteren Haus neben uns liegen Stöße von Kleidern, Paketen, Koffern, Lebensmitteln und Wolldecken in wüstem Durcheinander, das allmählich zu einem wahren Berg heranwächst. Den Zugezogenen werden sämtliche Habseligkeiten abgenommen.

Dort liegen nun die für sie so wertvollen Besitztümer. Für einen hungrigen Häftling bedeutet der letzte Rest eines Rote-Kreuz-Paketes sehr viel. Jetzt werden die kärglichen Überreste noch schnell verzehrt, damit sie nicht in die Hände unserer Peiniger fallen können. Schlimmer aber noch ist es, daß auch unsere Kleidung ihnen zum Opfer fällt. Diejenigen, die aus dem Baderaum herauskommen, tragen dünne Fähnchen, darunter nur ein Hemd, und an den Füßen derbe Holzschuhe. Eine junge Frau neben mir sagt: «Ich finde dies viel schlimmer, als daß sie mir mein Haus fortgenommen haben.»

Sie erzählt von ihrer inmitten eines Rosengartens gelegenen hübschen kleinen Villa, von ihrem Stutzflügel und von vielen, vielen ihr liebgewesenen Dingen. «Nichts davon ist mehr da, alles ist beschlagnahmt worden, aber dies hier ist bedeutend schlimmer. Gleich werden wir nicht einmal mehr eine Wolldecke haben, keine Kleider, nur eine leichte Hülle und ein Hemd.» Ich fühle, wie Betsie zittert, und ziehe sie an mich. «O Herr, hilf uns, gib, daß man uns verschont», bete ich. Betsie ist so zart und schwach. Die Nacht ist stockfinster, aber ich kann doch noch sehen, wie viele schwache und alte Menschen an mir vorbeigehen. Sie kommen aus dem Duschraum ins Freie und haben nichts als ihre fadenscheinige Bekleidung: Alles, was nur ein wenig Wärme gab, hat man ihnen fortgenommen.

«Betsie, bist du bereit, auch dieses Opfer zu bringen, wenn

Gott es von dir verlangt?» «Corrie, ich kann nicht», antwortet sie kaum hörbar. Ich selbst werde es auch kaum können, aber ich denke jetzt nur an Betsie und leide mit ihr. Weshalb fordert Gott so Schweres von uns? Ich flehe: «O Herr, wenn Du dies von uns verlangst, dann gib uns die Kraft, es zu tragen. Laß uns dazu bereit sein.»

Ich sehe im Dämmerlicht, wie ein weißseidenes Oberhemd vom kalten Wind weggeweht wird. Es landet ein Stück weiter weg, wo allerhand Lebensmittelbüchsen liegen. Der Hemdärmel wird in eine offene Marmeladendose hineingeweht und klebt dort fest. So geht man mit den wertvollen Sachen um. Eine alte Frau weint leise. Ein Offizier erscheint in der Türöffnung und schreit uns zu: «Wer von euch hat etwas dagegen, seine Kleider abzugeben? Wir wollen euch Holländern schon zeigen, wie es in Ravensbrück zugeht. Hier habt ihr nichts mehr zu melden!» Sein grausames Gesicht ist schwach bedeuchtet von den spärlich vorhandenen Lampen. Das läßt den Ausdruck noch teuflischer erscheinen.

Ich lege meinen Arm um Betsie. Wir stellen uns in eine dunkle Ecke, denn wir haben beide unsere Namen nennen hören: «ten Boom Elisabeth, ten Boom Cornelia.» «Ich kann nicht», wiederholt Betsie.

Dann wird es still, und wir sprechen leise mit dem Heiland. Er ist bei uns und weiß, wie wir leiden. Er hat uns lieb.

«Herr, wenn Du dieses Opfer von uns verlangst, dann gib Du uns die Kraft, es darzubringen.» «Corrie, ich bin bereit», flüstert Betsie leise. Ich nehme sie beim Arm, und zusammen gehen wir in das unheilvolle Haus hinein. Mehrere Frauen sitzen an einem langen Tisch. Sie nehmen unsere Habseligkeiten entgegen. Alle müssen sich vollständig entkleiden und dann in ein Zimmer gehen, wo die Haare untersucht werden. Hat jemand Ungeziefer, dann wird der Kopf kahlgeschoren. Einem hübschen belgischen Mädchen werden sofort die wundervollen blonden Locken abgeschnitten. Zwar hat sie keine Läuse, aber wir merken, daß ohne jeglichen Grund und ohne Entschuldigung allen denen, die schönes Haar haben, der Kopf kahlgeschoren wird. Es scheint die Parole ausgegeben zu sein, soviel wie nur irgend möglich wegzunehmen.

Ich frage eine Frau, die damit beschäftigt ist, die Besitztümer der Neuangekommenen zu ordnen, ob ich die Toilette benutzen darf. Sie zeigt mir eine Tür, und jetzt stellt es sich heraus, daß die Toilette nichts anderes ist als eine Grube im Duschraum. Betsie bleibt dicht hinter mir.

Plötzlich kommt mir ein Einfall. «Schnell, ziehe dein wollens Unterzeug aus.» Ich rolle unsere Unterwäsche zusammen und lege sie in eine Ecke, wo es von Kakerlaken nur so wimmelt. Das ist mir aber egal. Ich fühle mich richtig erleichtert, und mir ist fast froh zumute. «Der Herr erhört unser Gebet, Bep, wir brauchen das von uns verlangte Opfer nicht zu bringen», flüstre ich.

Rasch gehen wir zurück in die Reihe der Frauen, die darauf warten, sich zu entkleiden. Als wir gleich nach dem Brausebad ein Hemd und ein dürftiges Fähnchen angezogen haben, stopfe ich die zusammengerollte Unterwäsche unter mein Kleid. Zwar gibt es einen mächtigen «Auswuchs», der überdeutlich sichtbar ist, aber ich bete: «Herr, laß Deine Engel um mich sein, damit die Kontrolle mich nicht zu sehen vermag.» Ruhig und gefaßt gehe ich an der Wache vorbei. Alle anderen werden kontrolliert, von allen Seiten, von vorne, von hinten, von rechts und von links. Kein noch so winziges Päckchen entgeht den scharfen Blicken. Direkt vor mir wird einer Frau die Wollweste weggenommen, die sie unter ihrem Kleid verborgen hatte. Mich aber läßt man durchgehen: Man sieht mich nicht. Bei Bep, die hinter mir geht, wird die übliche Leibesvisitation durchgeführt.

Draußen erwartet uns eine neue Gefahr: Links und rechts von der Tür stehen wieder Frauen, die zum zweiten Male die strengste Kontrolle auszuüben haben. Jeder, der herauskommt, wird gründlich untersucht. Ich aber weiß, daß man mich nicht sehen wird. Gottes Engel sind um mich und machen mich unsichtbar. Ich bin nicht einmal erstaunt, daß ich übersehen werde, und innerlich juble ich: «O Herr, wenn Du meine Gebete in dieser Weise erhörst, dann werde ich auch die Kraft haben, die Zeit in Ravensbrück zu überstehen, denn Du bist bei mir bis ans Ende meiner Tage.»

Die Quarantänebaracke

Sie besteht aus zwei größeren und zwei kleineren Holzbuden, in denen eine große Anzahl Betten übereinandergebaut sind, manchmal sogar fünf übereinander. Sie stehen eng zusammen, und fünf bis sieben Personen bekommen jeweils zusammen zwei Betten. Mit meiner Hand messe ich die Breite. Wie oft habe mit den Klubmädchen die Betten gemessen. Daher weiß ich genau, daß jedes Bett siebzig Zentimeter breit ist.

Wir versuchen, uns zusammen der Länge nach hineinzulegen, aber der Strohsack ist gewölbt, und diejenige, die vorne liegt, fällt immer wieder hinunter. Dann legen wir uns quer. Wenn eine von uns sich umdrehen will, müssen wir uns alle fünf mit umdrehen. So schlafen wir, eng aneinandergedrückt. Die Ventilation ist völlig ungenügend. Am Tage bemerken wir, daß unsere Betten kaum einen Lichtstrahl auffangen: Wir liegen mitten im Saal, weit von den Fenstern entfernt.

Die Appelle werden jetzt eine überaus qualvolle Angelegenheit. Stundenlang müssen wir im offenen Raum zwischen zwei Baracken stehen. Es gibt noch keine Arbeit, und meistens sitzen wir völlig tatenlos und apathisch im Halbdunkel auf unseren Betten. Bald aber benutzen wir die freie Zeit für Gespräche mit Menschen, die trostbedürftig sind. Es sind viele. Unsere kleine Bibel haben wir heimlich mitnehmen können, und wir lesen ebenso heimlich daraus vor.

Wir lernen jetzt eine Menge Menschen kennen, mit denen wir zuvor keinerlei Kontakt gehabt haben. Es herrscht eine friedfertige, harmonische Stimmung. Nach zwei Tagen und Nächten in freier Luft sind wir dankbar, wenigstens ein Dach über dem Kopf zu haben. Wir bekommen auch Decken: drei Stück für je fünf Personen. Wir brauchen drinnen wenigstens nicht zu frieren.

Eines Morgens sitze ich auf meinem Bett und schaue um mich. Unter den oberen Betten hindurch gucke ich nach Betsie, die auf einem Hocker am Fenster sitzt und Strümpfe stopft. Es ist ein friedliches, häusliches Bild. Wie lieb ist ihr Gesicht. Es tut wohl, sie anzuschauen. Wir fangen an, uns einigermaßen einzugewöhnen. Betsie hat auch daheim immer eine so friedliche Atmosphäre um sich zu verbreiten gewußt, und auch hier kann sich niemand dem Zauber ihrer harmonischen Persönlichkeit entziehen. Wie ordentlich und sauber flickt sie die fadenscheinige, alte Wäsche. Betsie hat sich eine Nadel ausgeliehen, und die Fäden hat sie von einer Freundin bekommen: wertvolles Gut in dieser Umgebung, wo die alltäglichsten Sachen Mangelware sind. Gott hat uns auch hier wieder eine Aufgabe erteilt: Ich habe einfach lernen müssen, nicht immer nur auf die Befreiung zu warten, sondern nur das Nächstliegende zu tun und zu wissen, daß ich hierher berufen bin und einen Auftrag zu erfüllen habe.

Tine Delarive klettert von draußen durchs Fenster zu uns ins Zimmer herein. Sie hat Tuberkulose und muß eigentlich in der Krankenstube liegen mit den vielen anderen, die krank aus Vught gekommen sind. Ich freue mich immer, sie zu sehen. Sie ist so tapfer.

«Bist du aus der Krankenbaracke entflohen?» frage ich. «Es ist dort nicht auszuhalten», erwidert sie. «schon dreimal ist am Abend eine gestorben, mit der ich das Bett teilte. Die ganze Nacht lag ich mit der Toten zusammen. Erst am Morgen wurde sie weggeholt.»

Es wird Berufung eingelegt

Ermüdet vom anstrengenden Appell, der für halb fünf Uhr morgens angesetzt war, liegen wir auf unseren Pritschen. Fortwährend fällt Stroh und anderer Schmutz von den oberen Betten auf uns. Wir liegen zu fünf eng aneinandergeschmiegt, sind aber trotzdem froh, daß wir wenigstens ruhen können. «Antreten zum Appell!» wird plötzlich gerufen.

Schon wieder? Widerwillig gehen wir hinaus. Ich schaue mich um, und schon gibt mir eine Aufseherin einen tüchtigen Schlag in den Nacken. Die in diesem Schlag zum Ausdruck kommende Gemeinheit trifft mich viel tiefer als der Schmerz, obgleich ich ihn noch lange hinterher spüre.

«Schneller, schneller!» schreit sie mit wuterfüllter, heiserer Stimme. Wieder müssen wir uns eine Stunde lang anstellen. Ein Wagen mit Essen für uns fährt heran, wenn wir aber glauben, jetzt hineingehen und mit dem Essen beginnen zu können, erwartet uns eine neue Enttäuschung: Wir müssen draußen essen, können uns aber kaum noch auf den Füßen halten. Als wir hinein wollen, hält uns die Blockälteste zurück. So geht es den ganzen langen Tag. Kaum sind wir drinnen, so wird wieder von neuem zum Appell gerufen. Es ist eine sinnlose Quälerei.

«So geht das nicht weiter», sagt eine von uns. «Wir müssen versuchen, bis zum Lagerführer vorzudringen und uns über diese Behandlung beschweren.» Eine der anderen bittet Betsie um Rat. «Nein», meint Bep, «das wird nicht helfen, wir müssen noch weitergehen und den allerhöchsten Führer um Hilfe bitten. Nur Er vermag uns zu helfen.» Später lernen wir begreifen, daß alle diese Quälereien ausgeheckt worden sind, um uns kleinzukriegen und mürbe zu machen. Zum Lagerführer ist keine gegangen. Das ist ein Glück, denn er ist unvorstellbar grausam. Ein böser Mensch. Der Weltenführer aber ist immer für uns erreichbar. Er hilft uns nicht nur tragen: Er selber trägt unsere Qualen mit.

NACKTPARADE

Im Gang des Krankenhauses stehen wir in langer Reihe für die ärztliche Untersuchung an. Alle unsere Kleider müssen wir auf den Fußboden legen. Als ich meinen Mantel anziehen will, werde ich angeschnauzt, als ob ich ein Verbrechen begangen hätte. «Ja, das kennen wir. Sofort den Mantel wieder ausziehen und hinlegen. Stellen Sie sich dort an.»

Ich zittere vor Kälte und Elend und versuche, mich abzulenken, indem ich die anderen betrachte, so, wie man sich in den Arm kneift, wenn man arge Schmerzen hat. Diesmal hilft es aber nicht. Habe ich mich jemals so elend und erniedrigt gefühlt wie in diesem Augenblick? Immer denkt man, daß das, was man gerade erlebt, das Allerschlimmste ist. Dies aber ist wirklich viel, viel schlimmer als alles Vorherige.

Mit einem Male sehe ich vor mir das Bild von Jesus auf Golgatha. Es kommt mir erst jetzt klar zum Bewußtsein, daß Er nackt am Kreuz gehangen hat. Wie muß Er gelitten haben, Gottes Sohn, dessen Heimat beim Vater im Himmel ist. Und Er hat für mich gelitten. Deshalb steht auch mir der Himmel offen: Er hat den Weg für mich freigemacht. In mir wird es ruhig. Ich spüre, wie mir die Kraft kommt, auch dieses auf mich zu nehmen. Ich bete: «O Herr, einst hast Du auf Golgatha für mich gelitten. Ich danke Dir dafür. Hilf mir, daß ich standhalte und mein Kreuz auf mich nehme, wie Du Dein Kreuz für mich getragen hast. Gib Du mir die Kraft dazu. Die irdische Qual wird in Nichts zerrinnen, wenn die himmlische Seligkeit für uns anbricht.»

Betsie und ich stehen Hand in Hand. Es dauert lange an jenem Tage, bis der Arzt erscheint: ein langer Mann in Uniform. Er untersucht uns nicht, das tun einige Ärztinnen: Die eine ist Zahnärztin und untersucht unsere Zähne, eine andere guckt uns in den Hals und eine dritte zwischen die Finger. Es wäre durchaus nicht nötig gewesen, daß wir uns auszogen. Das war nur eine neue, raffinierte Art, uns zu erniedrigen und zu quälen.

Bei allem, was ich jetzt durchmache, steht mir das Leiden Christi vor Augen. Niemals vorher habe ich es ganz ermessen können. Was mich hier am allermeisten erschreckt, das sind die grauenerregenden Geräusche, die man hört: das Schreien der Geschlagenen, das Geräusch der schwingenden Riemen, das Kreischen und heisere Schreien und Schnauzen der bösen Menschen. Alles das macht Ravensbrück zur Hölle. Und auch Jesus hat einst solche Geräusche mitanhören müssen. Er, dessen Ohren die Klänge der himmlischen Musik gewöhnt waren. Wie gewaltig muß Seine Liebe zu uns gewesen sein, daß Er für uns dieses Opfer gebracht hat!

SCHWACHSINNIGE

Wir haben eine halbe Stunde frei und gehen an einer Baracke vorbei. Durchs Fenster kann ich in einen kleinen Raum hineinsehen. Auf dem Steinfußboden steht barfuß ein schwachsinniges Kind in kurzem Hemdchen. Das Mädchen ist skelettartig abgemagert und lehnt sich an die kalte Steinwand. Ein irrer Blick liegt in den Augen. «Kannst du verstehen, daß ein Menschenleben so zäh sein kann?» fragt mich eine Mitgefangene. «Seit Wochen lebt dieses Kind hier mit halber Ration; es muß nachts auf dem Steinfußboden ohne Matratze und Dekken schlafen, und immer noch kann es aufrecht stehen.» Ich wende mich ab. Ist das die Wahrheit? Ist es kein böser Traum?

«O Herr», flehe ich, «laß mich bald frei werden und gib, daß ich ein Heim für Schwachsinnige errichten darf, wo sie von Liebe und Güte umgeben sind. Und Herr, nimm dieses arme Kind bald zu Dir. Und befreie uns, befreie die ganze Welt von einem so entsetzlichen Regime!»

Das «Warum» dieses Leidens vermag ich nicht zu erfassen. Weshalb ich selbst leiden muß, ja, das kann ich begreifen. Gott hat mich hierhergebracht, weil Er mir eine Aufgabe stellen wollte. Ich darf die Verzweifelten und Betrübten zum Heiland führen. Ich darf den Menschen den Weg zum Himmel zeigen. Viele von ihnen werden sehr bald sterben. Andere wieder werden am Leben bleiben, aber nun als Gotteskinder, weil sie Jesus kennengelernt haben, der ihnen die himmlische Seligkeit und den inneren Frieden gibt, einen Trost im Leben und im Sterben.

Was mich anbelangt, ich bin hier reich gesegnet worden: Ich habe das Leiden unseres Heilandes begreifen gelernt, und dadurch ist mir Seine unermeßliche Liebe immer klarer geworden. Ich lerne, mich unter allen Umständen nicht auf die eigne Kraft zu verlassen, sondern wie ein Kind alles mit Ihm zu besprechen, der Sieger ist über alle Schwierigkeiten. Ich sehe immer besser meine eigene Kleinheit und Seine Größe und fühle, wie ich geläutert werde und wie mir neue Kraft geschenkt wird. Nein, mein eigenes Leiden ist kein Problem für mich. Wohl aber alles andere, das viel schlimmer ist. Ich weiß, daß Ravensbrück nur ein Lager ist unter vielen, vielen anderen Konzentrationslagern und daß in den bombardierten Städten, auf den Schlachtfeldern und in den unterdrückten Ländern unsagbar gelitten wird. Ich weiß, daß heute Urteile gesprochen werden, so grausam und schrecklich wie kaum je zuvor in der Welt.

Ein gequältes, schwachsinniges Kind, das ich hier sehe, wird zum Repräsentanten des qualvollen Leidens der großen Masse, die ich nicht sehen kann. Das Leiden aller dieser Unnennbaren steht mir aber genauso klar vor Augen wie die halbtote Frau, die jetzt eben an mir vorbeigetragen wird. Man trägt sie in einer alten Decke, die an den vier Zipfeln von ausgemergelten Mitgefangenen gehalten wird. Die dünnen Beine der sterbenden Frau hängen wie die Beine eines Gerippes über den Deckenrand. Es gibt hier so viele Sterbende und Kranke, daß nicht genügend Krankenbahren vorhanden sind, um sie alle fortzubringen.

Ich setze mich in eine Ecke des Saales, wo es hell genug ist, um etwas zu lesen, und schlage die Offenbarung des Johannes auf. Es ist ein seltsames Buch. Es ist so wichtig, daß man verurteilt wird, wenn man etwas hinzufügt oder wegstreicht, daß man aber seliggesprochen wird, wenn man es liest oder es sich anhört.

Ich weiß nicht, ob die darin beschriebenen Dinge jetzt schon geschehen und ob die symbolischen, aber doch so schrecklichen Geschehnisse dem Heute oder erst der Zukunft angehören. Eines aber verstehe ich, und das gibt mir einen Halt: Was da geschrieben steht, ist die Wahrheit. Gott irrt sich niemals. Er sieht den Kummer und das unermeßliche Leid und verlangt, daß man sich Ihm anvertraut. Er nimmt alles in Seine Vaterhand, und wir sollen es dort lassen. Das ist die schwere Lektion, die ich hier zu lernen habe. Und noch etwas habe ich gelernt: daß ich nicht dazu berufen bin, das Leid und die Sorgen der ganzen mich umringenden Welt zu tragen. Wenn ich das tun wollte, würde ich rettungslos untergehen.

Ich lerne hier beten. Beten ist: alles, was uns bedrückt und beschwert, zum Herrn bringen. Den Koffer voller Sorgen auspacken und ohne Gepäck weitergehen. Heute bin ich aber dumm: ich packe meine Sorgen wieder ein, und nach dem Gebet ist der Koffer fast doppelt so schwer wie vorher. Ich bete: «Herr, lehre mich, meine Bekümmernisse auf Dich zu werfen und den Koffer leer weiterzutragen. Dazu ist nichts Geringeres nötig als Dein Geist. Gib mir den, o Herr, dann werde ich den wahren Glauben haben. Ich werde so fest glauben, daß mein Koffer leer bleibt.»

BARACKE 28

Nachdem wir einige Wochen im Quarantäneblock gewesen sind, müssen wir eines Abends nach Baracke 28 umziehen. «Nun bekommen wir es sicher besser», sagen wir zueinander. Stundenlang müssen wir wieder stehen, bevor wir zur neuen Baracke laufen können. Vor dem Hineingehen müssen wir wieder warten. Aber wir sind froh, daß wir die schreckliche Baracke 8 verlassen können! Welch ein trostloser Anblick ist aber auch dieser neue Aufenthaltsort! Viele Scheiben fehlen. Viele Fensterrahmen sind mit Lumpen oder mit Papier verstopft. Drinnen ist ein nicht zu beschreibender Schmutz. Von den Betten fehlen viele Bretter. Unsere mutige Frau Boilen tröstet mich: «Behalte Mut, auch hier werden wir durchkommen.»

Als wir dicht aneinandergedrängt in unsere schmutzigen Betten gekrochen sind, fallen sofort einige von den oberen Betten herunter. Mit ihnen kommt ein unaussprechlicher Unrat und faules Stroh herunter. Es stinkt schrecklich, und es gibt kaum Ventilation. Das ist unser Aufenthaltsort für die nächsten Monate!

EINE, DIE SEGEN SPENDET

Einige Wochen später. Es ist Abend. Die Baracke ist dunkel. Viele schlafen schon. Eine verspätet heimgekommene Mitgefangene klettert über mich hinweg. Sie hat lange im Revier arbeiten müssen und ist hundemüde. Sie setzt sich neben mich. Jeden Abend warte ich auf sie, auch wenn ich noch so müde bin und eigentlich hätte schlafen sollen. Es ist der schönste Augenblick des Tages. Aus ihrem Beutel holt sie in der Schale gekochte Kartoffeln hervor und teilt sie an uns aus. Es ist eine Kartoffel «mit Liebe», sie schmeckt besonders gut! Die anderen legen sich zum Schlafen hin, wir beiden aber unterhalten uns noch eine Weile. Sie ist eine, die ein heimliches Licht trägt. Sie ist sehr zart und kann körperlich nicht viel leisten, und doch arbeitet sie bis spät abends, weil sie dann die Möglichkeit hat, vielen zu helfen. Sie versteht es, die Hungrigen zu speisen und die Frierenden zu kleiden. Sie hat sich aufgelehnt gegen den Mangel an Hygiene bei der ärztlichen Untersuchung. Sie hat großen Widerstand zu überwinden gehabt und trotzdem nicht locker gelassen. Sie ist eine unglaublich tapfere Frau. Wenn unerhört verschmutzte Menschen von niemand gebadet wurden, dann hat sie den Schwestern diese Aufgabe abgenommen. Sie steht wie ein Engel zwischen lauter bösen Menschen, zwischen Egoisten, Betrügern und Sadisten, und immer ist sie da für jeden, der leidet, und das will hier in Ravensbrück sehr viel heißen. Stets hat sie ein freundliches Wort für alle, die dessen bedürfen. Gestern ging sie mit strahlendem Gesicht auf ein kleines Zigeunermädchen zu, das von allen gemieden wird, weil es so dreckig ist und außerdem so geschickt und raffiniert zu stehlen weiß. «Guten Tag, mein liebes Kind, wie freue ich mich, dich wiederzusehen!» sagte sie und küßte das schmutzige Gesichtchen. Da lachten die sonst so traurigen Augen und strahlten hell und froh.

Heute abend erzählt sie mir, daß es vollkommen verständlich ist, daß das Kind stiehlt. Im Alter von fünf Jahren wurde es schon von den Eltern auf Diebesfahrt geschickt und bekam Prügel, wenn es nicht genügend mit heimbrachte. «Aber in der Zelle», so erzählt sie weiter, «da hat das Mädchen die anderen häufig gebeten: ‚Erzählt mir doch vom Kindlein Jesus, das ist so schön.'»

AUFSTAND

Ich schippe Sand. Das Wetter ist kalt, aber strahlend klar. Eine weite Aussicht über Hügel, Seen und Wälder macht, daß ich hie und da innehalte und, auf meine Schaufel gelehnt, die Aussicht genieße. Ich trinke die Farben in mich hinein. Vögel fliegen über meinen Kopf, die Luft ist blau. Frauen müssen Bäume fällen und wegführen. Sie laufen, jede mit einem Bäumchen auf der Schulter. Es läßt mich an den wandelnden Wald denken in Shakespeares «Macbeth», und ich zitiere: «Till Birnam wood remove to Dunsinane.»

Ich bin heute mutig und fröhlich. Eine deutsche Vorarbeiterin mahnt mich, durchzuarbeiten. Sie hat das schon einmal getan, und nun tue ich etwas sehr Gewagtes. Ich frage sie: «Was haben Sie für eine Nummer? Es stört mich, von Ihnen immer gejagt zu werden. Ich arbeite, solange ich kann; aber ich muß ab und zu ruhen.»

Ich fasse ihren Ärmel und lese die Nummer. Ich habe ganz und gar nicht im Sinne, etwas zu tun, aber die Auswirkung ist merkwürdig. Eine Aufseherin steht bei uns. Die Vorarbeiterin fragt sie ängstlich:

«Die Holländerin fragt nach meiner Nummer; zu welchem Zweck tut sie es wohl?»

Die Aufseherin antwortet nicht, winkt ihr aber, mitzukommen. Etwas abseits flüstert sie ihr etwas zu, und als sie später wieder zu mir kommt, weil ich nicht durcharbeite, zieht sie sie wieder zurück, und zusammen laufen sie weiter. Dieser Fall wird wohl eine Ausnahme bleiben. Wir sind vollkommen in der Macht derer, die nach oben kriechen und nach unten treten. Wir sind die Getretenen.

IN DER SIEMENS-FABRIK

Betsie und ich sind dem Siemens-Kommando zugeteilt. Nach dem Nachtappell müssen wir uns mit mehr als tausend anderen aufstellen. Wir marschieren aus dem Tor, um den See mit dem wehenden Ried. Am anderen Ufer spiegeln sich die Häuser eines kleinen Dorfes im Wasser. Es ist einfach herrlich, eine schöne Landschaft zu sehen nach der grauen und schwarzen Farblosigkeit des Lagers!

In einer großen Fabrikbaracke wird uns Arbeit zugewiesen. Es ist eintönige Arbeit: Sortieren von Schräubchen. Der Raum hat noch keine Heizung. Starr vor Kälte drängen wir uns ans Fenster, um etwas von den Sonnenstrahlen aufzufangen. Nach ein paar Stunden werden wir gerufen, um Karren zur Station zu bringen. Dort müssen wir eiserne Platten aus den Waggons laden und zur Fabrik bringen. Das Eisen ist so kalt, daß die Hände schmerzen. Ich drücke Betsie ein Büschel Holzwolle in die Hände, damit sie damit anpacken kann. Es ist viel zu schwere Arbeit für uns beide.

Zum Essen gehen wir in eine große Baracke. Lange, lange müssen wir warten. Ich lehne mich an einen Tisch und falle in Schlaf. Merkwürdig, daß man stehend schlafen kann! Ich träume und bin daheim im Wohnzimmer. Ich laufe an allen Möbeln entlang, befühle sie und gehe dann in die Küche. Da ist meine Schwester. Ich spreche mit ihr und erzähle ihr, daß es uns gut geht; daß wir es wohl hie und da schwer haben, aber immer besonders gestärkt werden. ‚Ich habe nicht gedacht, daß du so bald zurückkommen würdest', sagt sie. Sie ist gar nicht überrascht und fragt: ‚Willst du nicht einmal durch das ganze Haus laufen?' Nun geh ich mit ihr nach oben. Ich sehe die alten Malereien, mit meinen Händen befühle ich den antiken Schrank und stehe eben am Fenster, um hinauszuschauen. Wie ist alles so schön! Ich gehe auch in meine Werkstatt, spreche mit dem Ladengehilfen, schaue nach, ob viel Reparaturen gekommen sind. Noch schnell gehe ich hinein und setze mich auf Vaters Stuhl am offenen Kamin. Auf einmal erschrecke ich und werde wach.

Noch immer stehe ich an den Tisch gelehnt in der Arbeitsbaracke von Siemens. Betsie steht neben mir. Ich erzähle ihr meinen Traum, und dann lege ich meinen Kopf auf ihre Schulter und weine. Es war so herrlich, zu Hause zu sein, aber es war ein Traum, und die Wirklichkeit ist so sehr schwer. Es ist einer der wenigen Augenblicke, da das Heimweh mich übermannt.

WUNDERBARE FÜHRUNG

Unsere Vorarbeiterin ist eine nette junge Tschechin. Sie ist sehr freundlich zu uns und hilft uns, wo sie nur kann. Sie versucht immer wieder, uns die schwere Arbeit nach Möglichkeit zu ersparen. Sie hat großes Zutrauen zu meinen Fähigkeiten, weil sie gehört hat, daß ich Uhrmacherin bin, und sie verspricht, daß sie mir feine, interessante Arbeit verschaffen will. Die Arbeit bei Siemens ist durchaus nicht einfach. Nach dem langen nächtlichen Appell kommt immer gleich der Gang in die Fabrik, und darauf folgen elf lange Arbeitsstunden. Wie anders als in Vught! Dort konnte ich ab und zu die Augen schließen und kurz einnicken, wenn ich müde war. Dadurch war es möglich durchzuhalten. Hier aber geht es bedeutend strenger zu. Fortwährend sind wir unter Aufsicht, und von Schlafen kann keine Rede sein. Wir sind schwach und unterernährt, und dazu kommt noch, daß uns die Zeit fehlt, uns gründlich zu waschen und die Läuse aus unseren Kleidern zu entfernen, was ja eine äußerst zeitraubende Arbeit ist. Wir beten um Hilfe.

Eines Morgens müssen wir mit der Aufseherin zurück ins Lager. Dort werden wir für einen Transport untersucht. Betsie wird gleich als untauglich zurückgestellt: Sie ist zu schwach.

Ich werde aber für tauglich befunden. Verzweifelt schaue ich mich um. Jetzt werden wir getrennt werden. Betsie wird allein zurückbleiben, und ich komme irgendwohin, weit weg in eine Munitionsfabrik. Und Betsie hängt so an mir. Wie ein Kind freut sie sich, wenn ich nur da bin. Manchmal, wenn ich etwas länger ausbleibe, sagt sie: «Du hast mich so lange allein gelassen.» Es ist, als ob sie bei mir Schutz sucht.

Eine Ärztin muß meine Augen untersuchen. Ich sage ihr, daß ich schlecht sehe, und wenn sie mir etwas zum Lesen vorhält, simuliere ich, daß ich kaum etwas unterscheiden kann. «Möchtest du vielleicht für untauglich erklärt werden?» fragt sie. «Ja», erwidere ich, «ich möchte bei meiner Schwester bleiben. Sie ist so schwach und braucht mich wirklich.» «Ich will sehen, was ich für dich tun kann.» Sie gibt mir einen Zettel, womit ich mir am nächsten Morgen eine andere Brille holen kann, und zwar gerade zu der Stunde, als der Transport zur Munitionsfabrik abfährt. Diese Gefahr ist also von uns abgewendet, aber ganz bestimmt werde ich das nächste Mal wieder in die Liste für den Transport eingetragen werden.

Ich gehe nach dem Revier wegen der Brille. «Lagerpolizei» hält mich auf. «Du darfst nicht ohne Begleitung zu dieser Zeit zum Revier gehen. Deine ‚Stubenälteste' muß dich bringen.» Ich gehe zurück und bitte die «Schlange», mit mir zu gehen. Wir nennen sie so, weil sie ein Kleid hat, das an eine Schlangenhaut erinnert, aber auch wegen ihres falschen Charakters.

«Ich habe keine Zeit», sagt sie, «frag die andere Stubenälteste.» Ich gehe auf die andere Seite vom Block, aber auch diese hat keine Zeit. Nun gehe ich zu Betsie zurück. «Was soll ich tun? Warten? Komm, wir wollen um Leitung beten.» Kurz darauf wird gerufen: «Melden für das Strickkommando.»

Wir lassen uns einschreiben und bekommen Wolle und Stricknadeln. Welch ein Glück! Nun sind wir einem Kommando zugeteilt, wo nicht zu streng gearbeitet werden muß. Wir müssen beim Stricken auf dem Bett bleiben, sonst haben wir keine Sitzgelegenheit, denn eine kleine Anzahl Schemel beim Tisch in der «Stube» — das ist der Raum vor unserm Schlafsaal — ist durch andere Strickerinnen schon mit Beschlag belegt. Sie stricken dort unter Aufsicht; wir im Schlafsaal nicht. So legen wir unsern Strickstrumpf immer bald auf die Seite, um unsere Zeit für unsere geistliche Arbeit zu gebrauchen. Es gibt viel zu trösten und zu helfen, und jeden Tag predige ich zweimal. Ich habe nun genügend Zeit dafür.

Noch einmal werde ich aufgerufen, um eine Brille zu holen. Diesmal glückt es besser. Ich komme nun zur Ärztin. Sie hält Sprechstunde in einem Gang, wo sie die Buchstabenkarten auf einen Schemel gestellt hat. Als ich verschiedene Brillen anpasse, sage ich:

«Meine eigene Brille genügt für Strickarbeit; für genaue Fabrikarbeit kann ich damit nicht genug sehen, aber inzwischen bin ich zum Strickkommando gekommen.»

«Dann geh schnell zurück», sagt sie. «Viele Brillen haben wir nicht, und du wirst nun wohl im Strickkommando bleiben.» Der Brillenvorrat ist ein zusammengewürfelter Haufen Brillen; also ohne vollkommene Sortierung. Wie bin ich froh, auf diese Weise der Gefahr eines Transportes entronnen zu sein! Sicherheit besteht zwar nicht. Solange ich hier bin, wird es immer wieder Drohungen geben, *aber Gott der Herr hat bisher geholfen und wird weiter helfen.*

DER ROTE ZETTEL

Eines Abends liegen wir schon ruhig im Bett und schlafen. Da werden wir plötzlich aufgerufen. Was gibt's denn nun schon wieder? Schnell fahre ich in meine Kleider und gehe nach vorn. Die Schreiberin sagt: «Ihr müßt morgen wieder zu Siemens.» Ganz erstaunt antworte ich: «Aber nein, das geht nicht, wir sind jetzt beim Strickkommando eingetragen.» Ohne sich weiter zu erkundigen, streicht sie uns aus ihrer Liste. Zum Glück hören wir nichts weiter davon. Sie gibt mir auch noch einen roten Zettel für Betsie mit: Falls sie für Schwerarbeit aufgerufen werden sollte, soll sie den vorzeigen. Damit ist Betsie in die Gruppe der Untauglichen eingetragen, die nicht viel leisten können. Dankbar krieche ich einen Augenblick später wieder in mein Bett. Ob Ravensbrück doch nicht so schlimm ist, wie ich geglaubt habe?

Am nächsten Morgen erfahre ich, daß von Zeit zu Zeit, wenn das Lager überfüllt ist, die Inhaberinnen von roten Zetteln vergast werden ...

KRANKEN-TRANSPORT

Es ist dunkel auf der Lagerstraße. Bogenlampen werfen schwaches Licht. Kalter Nebel schwelt um die Laternen. Jede Nacht ist der Appell wieder eine neue Quälerei. Welch Wetter es auch sein mag, wir müssen immer stundenlang in Haltung stehen, in Reihen von zehn. Manchmal sind wir vom Regen ganz durchnäßt, so daß unsere Kleider tagelang nicht trocken werden. Ein scharfer Wind bedroht die am meisten, die außen stehen. Wenn wir in einer Pfütze stehen, dürfen wir nicht beiseite treten. Unser Schuhwerk ist sehr schlecht; und nasse Füße sind gefährlich wegen der Darmkrankheit, an der viele leiden.

Heute bekommen wir wahrscheinlich Frost. Wir trappeln, der Kälte wegen; das Trappeln von Tausenden von Füßen klingt rhythmisch und bildet mit den Kommandos der Aufseherinnen das einzige Geräusch auf dem Platz. Plötzlich höre ich etwas anderes, ein ungewohntes Geräusch. Autos kommen die Straße heraufgefahren. Gerade uns gegenüber halten sie an. Flache, offene Frachtautos. Aus der Tür der Krankenbaracke kommt eine Schwester. Sie führt eine Frau am Arm. Sie hilft ihr auf den Wagen und legt sie da nieder. Andere folgen. Sie bleibt auf dem Auto stehen und packt bei vielen zu, die scheinbar zu schwach sind, um ohne Hilfe hinaufklettern zu können. Ein ängstliches Wort geht von Mund zu Mund: «Krankentransport».

Wir trappeln nicht mehr, sondern schauen mit Entsetzen dem zu, was geschieht. Wir wissen, daß von dieser Reise keiner mehr zurückkommt. Ob sie alle gleich vergast werden? Nicht zum Ausdenken! Die Schwester hilft den Kranken, geschickt zu liegen und zu sitzen. Etwa hundert Patienten werden über die zwei Frachtautos verteilt. Es sind schwachsinnige, unheilbar Kranke und auch einige lästige Patienten. Eine Mutter ist dabei. Ihr Büblein ist auch im Lager. Jedermann, der in ihre Nähe kam, wurde von ihr angebettelt, man möge ihr den Jungen bringen. Das wurde auf die Dauer lästig, und nun liegt sie auf dem platten Transportauto.

Die Autos fahren weg und verschwinden im Nebel. Die Tür der Krankenbaracke schließt sich.

GEMÜTLICHKEIT

Zu dritt sitzen wir auf unserm schmalen Bett. «Polletje» schneidet Brot für uns. Sie verrichtet Wunder mit unserm kärglichen Vorrat. Das Stück Brot wird in ganz dünne Scheiben geschnitten, darauf legt sie Schnittchen kalter Kartoffeln, und diese bestreut sie mit etwas feingehackter Zwiebel und Salz. Zwiebel und ein bißchen Salz haben wir mit drei Tagesrationen Brot gekauft. Nun ist die Brotmahlzeit wohl sehr klein geworden, aber viel schmackhafter. Auf einer Zeitung präsentiert sie uns diese Törtchen so appetitlich, daß es uns herrlich schmeckt.

«Ich glaube, daß ich später auch Kartoffeln mit Zwiebeln auf meinem Brot essen werde», sage ich. Diese Bemerkung gibt den Gedanken Polletjes eine andere Wendung; sie denkt an ihr Heim und beginnt von ihren Hunden zu erzählen. Welche Kenntnis von Hunden und welche Liebe zu diesen Tieren hat doch diese Frau! Sie ist eine bekannte Kynologin. Sie erzählt von ihrer kleinen Villa mitten in einem Blumengarten, und ich lese Heimweh in ihren Augen. Arme Polletje, sie wird nichts mehr davon wiedersehen!

Vom Fenster, das am nächsten bei uns ist, sind beinahe alle Scheiben zerbrochen. Wenn die Bewohner der obersten Betten nach unten klettern, stoßen sie immer wieder gegen die Scheiben, das können sie nicht verhindern. Nun hängt eine Decke davor, so daß es dunkler geworden ist. Aber draußen weht ein scharfer Wind. Man kann das Fenster nicht offen lassen. Werden die zwei letzten Scheiben auch noch brechen? Dann wird es ganz finster werden. Wie trüb wird das sein. Meine Stimmung ist so abhängig vom Licht. Ich habe viel mehr Hoffnung, wenn der Tag sonnig ist. Regnet es, dann ist alles traurig, und dann bekommen Angst und Sorgen viel mehr Macht.

Ich habe den Arm um Betsie geschlagen. So fühle ich ihren Herzschlag. Er ist schwach und sehr schnell. Schon einige Male ist mir das aufgefallen.

Das Vitaminwunder

Als ich ins Lager kam, mußte ich zusammen mit meinen Kleidern auch sämtliche Arzneimittel abgeben. Nur einen Beutel mit Toilettenartikeln durften wir behalten. Ich besaß noch ein Glas mit Davitamon, das kaum noch halb voll war. Als ich es auf den Tisch stellte, sagte die Frau, die die Leibesvisitation vornahm, zu mir: «Das gehört auch zu den Toilettenartikeln», und sie steckte die Flasche eigenhändig wieder in den Beutel. Darüber war ich sehr froh. Vitaminmangel bedeutet eine ständige Gefahr für uns Häftlinge. Vom ersten Tag an gab ich jetzt täglich allen denen, die in meiner Nähe schliefen, einige Tropfen Davitamon. Oft waren es über dreißig Frauen, die eine kleine Dosis erhielten, aber der Flascheninhalt wurde kaum weniger. Es waren sicher sechs bis acht Wochen vergangen, seit ich mit der Verteilung begonnen hatte. Man bat jetzt nicht mehr: «Hast du noch ein paar Tropfen Davitamon?», sondern: «Bitte, gib mir noch etwas aus dem Krüglein der Witwe von Zarpath.» Es war richtig, die Flasche so zu nennen, denn wir erlebten das gleiche Wunder, wie es die Bibel über diese Witwe erzählt.

Einmal kam meine Freundin, die im Krankenhaus arbeitete, mit einem großen Beutel von Hefeflocken zu mir. Ich glaube, es war Bierhefe. «Gib das allen denen, die um dich herum sind», sagte sie, «Avitaminose ist im Lager an der Tagesordnung. Verrate aber niemand, daß du die Flocken von mir bekommen hast.»

Ich schenkte jeder eine Tüte voll für die ganze Woche. An jenem Abend sagte ich zu Betsie: «Solange es geht, bekommst du noch etwas Davitamon.» Aber die Flasche gab keinen einzigen Tropfen mehr her. Wir brauchten dieses Wunder ja auch nicht mehr.

Aber die Flocken nahmen ebenso wenig ab, wie es die Davitamontropfen getan hatten. Immer war genug da, bis eines Tages jemand mich fragte: «Hast du noch Vitamine?» «Nein», sagte ich, «leider sind sie alle.» (Ich hatte nur noch wenige Tabletten, die ich aber für Betsie aufheben sollte). Zu Bep sagte ich: «Eigentlich bin ich kleingläubig gewesen, ich hätte mehr Zutrauen haben und ihr den letzten Rest geben sollen.» Kaum hatte ich das gesagt, da sah ich meine Freundin aus dem

Krankenhaus kommen: Sie brachte tatsächlich wieder neuen Vitaminvorrat mit!

PLÄNE

Es ist Abend. In der Baracke 28 schlafen schon fast alle. Nur ein kümmerlicher Lichtstrahl erreicht unser Bett. Die schwache Lampe hängt hoch oben an der Decke vorne im Saal, und nur wenige können von dem Licht profitieren. Betsie und ich sprechen über Zukunftspläne. Sobald wir wieder in Holland sind, wollen wir unser Haus streichen lassen. Auch haben wir schon viele Mitgefangene zu uns eingeladen. Zahllose wird es geben, die weder Haus noch Hausrat, die keine Angehörigen oder Verwandten und kein Geld haben. Selbstverständlich wird für sie gesorgt werden, dafür gibt es verschiedene Organisationen und Vereine, aber die meisten werden ein «Zuhause» nötiger haben als alles andere. Vor allem die Jugendlichen werden Rat und Hilfe brauchen. Es ist sehr schade, daß wir keinen Garten haben. Vielleicht könnten wir einen Dachgarten anlegen lassen. Und wenn wir nicht genügend Platz haben, dann müssen wir aus der Stadt hinaus aufs Land ziehen. Wir möchten ein geräumiges, hübsches Haus haben und vielen Menschen Obdach bieten können.

Diesen vielen müssen wir dann erzählen, wie der Herr uns gesegnet und durchgeholfen hat und welche unfaßbaren Wunder wir erleben durften. Gibt es dann Leute, die den Sorgen und der Angst nicht gewachsen sind, dann werden wir ihnen sagen, daß Jesus Sieger ist. Uns wird man glauben. Es wird keiner sagen können: «Ihr habt leicht reden.» Wir haben Not und Trübsal, quälenden Hunger und grimmige Kälte kennengelernt. Nackt und bloß waren wir mitunter unseren Peinigern ausgeliefert. Aber wir haben siegen dürfen durch Ihn, der uns lieb hat bis an der Welt Ende.

Nachdem das Licht gelöscht ist, unterhalten wir uns noch lange flüsternd über unsere Pläne. Wir kriechen tief in unsere Decken und Mäntel hinein. Dann schlafen wir ein und träumen von der Freiheit, die einst kommen wird.

Mord in der Baracke

Ich horche auf. Dahinten ist Lärm. Die alte Frau Leness konnte heute morgen nicht aufstehen, sie fehlte beim Appell. Sie blieb im Bett, und dann kam die Lagerpolizei und schleppte sie heraus. Die Lagerpolizei besteht aus Mitgefangenen, die angestellt sind, um für Ordnung zu sorgen, draußen auf der Straße und manchmal auch drinnen. Es sind gute Menschen dabei, aber viele von ihnen sind grausam.

Als sie Frau Leness aus dem Bett zogen, schien es, daß sie überhaupt nicht laufen könnte. Da schlugen sie sie und ließen sie am Boden liegen. So fanden wir sie nach dem Appell, ganz erstarrt und todkrank. Wir trugen sie ins Bett, und nun wurde sie immer schwächer und kränker. Wir haben um eine Tragbahre gebeten, um sie nach dem Krankenhaus zu bringen, aber der Transport kam nicht zustande. Ich hörte sie immer leise stöhnen. In der letzten Woche habe ich mit ihr über die Liebe des Heilandes gesprochen. «Sie müssen Ihm Ihr Herz geben; auch Ihre Sünden hat Er am Kreuz getragen.»

«Ja», sagte sie, «aber ich bin so ungläubig.»

«Dann bete gerade wie der Vater des besessenen Knaben: ‚Herr, ich glaube, hilf meinem Unglauben.' Wir haben keinen großen Glauben nötig, aber Glauben an einen großen Heiland! Da lächelte sie, und wir dankten dem Herrn, daß Seine Kraft in Schwachheit vollbracht wird. Sie ist eine zarte, nervöse Frau. Sie hat Verpflegung und freundliche Versorgung nötig. Die andern Holländerinnen sind wirklich lieb zu ihr. Sie tragen die schwache Frau zum Klosett. Aber unterwegs geschieht etwas Schreckliches. Eine Aufseherin sieht, daß sie sich beschmutzt, und schlägt sie deshalb hart und grausam, daß sie am Boden liegenbleibt.

Die «Schlange», unsere Stubenälteste, befiehlt plötzlich einer jungen, schwangeren Frau, ihr sofort zu folgen. Sie bringt sie nach der andern Baracke und sagt: «Du brauchst das nicht anzuschauen.» Ist in der «Schlange» nicht etwas Mitleid?

Im Saal sind wir alle totenstill. Es ist schrecklich. Eine ruft: «Sie stirbt!», und gleich nachher: «Nun ist alles vorbei!»

Ich bekomme ein wehes Gefühl und Abscheu und schaue nach Betsie, ob es sie auch so angreift. Aber ich sehe ihr Gesicht friedlich, und etwas abwesend schaut sie gerade vor sich hin. Sie hat das ganze Ereignis nicht miterlebt. Wie gut ist das! Ich habe schon früher oft bemerkt, daß schreckliche Dinge, wo sie nichts dabei tun konnte, nicht zu ihr durchdringen konnten. «Hast du nicht eine Umzäunung gemacht rund um Hiob?» fällt mir ein. Ja, auch um Betsie ist eine Umzäunung.

NÄCHTLICHER APPELL

Es ist Nacht. Wir stehen auf Appell. Dichter Nebel hängt in der Luft. Von einer Baracke links kommen Frauen aus dem Nebel zum Vorschein. Hinter ihnen ist ein Bündel Licht, ihre Gestalten zeichnen sich ab als Silhouetten. Ich zittere vor Kälte und Elend. Die Frauen kommen aus der «Nacht- und Nebelbaracke». Sie dürfen nie Bericht von zu Hause empfangen und niemand darf wissen, daß sie hier sind.

Das ist eigentlich nicht ärger, als was wir auch erfahren, aber sie sind schon so lange in diesen Umständen. Sie sind zum Tode verurteilt. Auch wohnen die «Kaninchen» in dieser Baracke. Das sind *die* zum Tode Verurteilten, die für die Vivisektion gebraucht werden. Ich bin einmal bei ihnen gewesen. Die Baracke war viel reiner als die unsrige. Es gab da Tische und Schemelchen. Viele saßen und nähten oder schrieben. Es war eine angenehme Stimmung. Ich habe mir das nie vorstellen können, daß Menschen in solchen Lebensumständen sich so weit anpassen und so normal bleiben könnten.

Ich begreife die Menschen in der Gefangenschaft nicht. Begreife ich mich selbst? Bin ich dasselbe Menschenkind, das beschirmt, verwöhnt in Wohlstand lebte, das genießen konnte, was Kunst, Kultur und liebevolle Menschen ihm schenkten? Der Nebel dringt durch meine Kleider. Ich fühle in meiner Tasche ein paar W.C.-Papierchen, von einer Zeitung abgerissen. Ich stopfe sie unter mein Kleid auf meine Schultern, um die Kälte etwas abzuhalten. Papier wärmt, aber die Stücke sind zu klein.

Ich erlebe einen der Augenblicke, da ich so tief meine Armut und meine Gefangenschaft fühle. Glücklicherweise ist mir das nicht immer in dem Maße bewußt. Vor mir sehe ich die Tausenden von Gefangenen. Obwohl viele ihr Elend in diesem Moment fühlen wie ich?

DER STRAFBLOCK

Wenn wir morgens zum Strickkommando antreten, kommen wir am Strafblock vorbei. Alle Baracken sind grau und trostlos, aber diese ist ärger als die andern. Manchmal stehen die Sträflinge hinter den Gittern, die den Innenhof des Strafblocks von der Straße scheiden. Viele Mädchen und Frauen klammern sich mit beiden Händen an den Gittern fest. Sie rufen uns zu. Gefangene Tiere. Wir sehen gebildete Mädchen und Frauen darunter, aber die meisten gehören zur «Unterwelt» der vielen Länder, die hier zusammengewürfelt ist. Eine «Lagerpolizei» hat hier permanente Wache auf der Straße an der Außenseite der Gitter. Wenn die Frauen etwas rufen, dann kreischt sie dazwischen, und wenn wir einer der Frauen eine Antwort geben, dann gerät sie in Raserei und schlägt uns unter Fluchen. Manchmal kommen wir hier vorbei, wenn die Sträflinge an ihrer Arbeit sind, der härtesten, die hier zu vergeben ist: Kohlen schaufeln, Holz hacken, Wege anlegen.

Wenn der Hof verlassen ist, bleibt immer noch ein Mädchen zurück. Sie ist die Personifizierung des Elendes von Ravensbrück. In sich zusammengesunken, sitzt sie gegen die Mauer angelehnt. Ihre Haltung drückt nicht nur das tiefste Elend aus. Wenn es regnet, ist eine alte Türe schief gegen die Mauer angelehnt, die sie ein klein wenig schützt. Ich sehe ihr Gesicht nie, denn sie sitzt zusammengekauert wie ein verwundetes Tier. Sie ist mager und gleicht einem ausgemergelten Gerippe. Warum sitzt sie da? Ich weiß es nicht und frage nicht danach. In einem Konzentrationslager fragt man nicht nach solchen Dingen. Ich bete für sie, wenn ich an ihr vorbeikomme: «O Heiland voll Erbarmen, nimm dieses arme Kind in Deine Arme! Tröste sie und mache sie glücklich!»

In Ravensbrück ist man nie fröhlich. Das kommt nicht durch das eigene Leiden; man lernt viel annehmen, und der Mensch hat ein wunderbares Anpassungsvermögen. Aber so ein Mädchen auf dem Hof macht, daß ich hier weder lachen kann noch will. Als ich noch klein war und zum erstenmal vom Sündenbock hörte, der, mit der Schuld des Volkes Israel beladen, vom Lagerplatz gejagt wurde, so weit weg, daß er den Weg zurück nicht mehr finden konnte, hatte ich Mitleid mit ihm. Ich weiß nicht, warum ich immer an den Sündenbock denken muß, wenn ich an diesem Kind vorbeigehe. Ich fühle solchen Schmerz, wenn ich sie sehe. Ohne Zweifel ist es ein schwachsinniges Kind, und ich tröste mich mit dem Gedanken, daß ich, wenn ich einmal frei bin, ein Haus gründen will für Zurückgebliebene, ein schönes sonniges Haus mit viel Liebe, viel Farben, viel Blumen.

Einmal wird im Strafblock ein Mädchen gestraft. Ich lag auf dem Weg dahinter, es war meine erste Nacht im Lager. Das gellende Schreien des Kindes war regelmäßig, so regelmäßig wie die Schläge, die auf seinen Körper niedersausten. Es waren nicht wie oft bei uns nur einige Schläge, ziellos und grausam durch eine der brutalen Frauen in unbeherrschter Wut gegeben. Nein, es war ein ausgesprochenes Urteil, eine von vornherein bestimmte Anzahl Schläge. Ein Arzt stand dabei, um aufzupassen, daß keine edlen Teile des Körpers verletzt werden. Die Bahre zum Abtransport in das Krankenhaus stand bereit.

Kinder in Ravensbrück

Ein Bündel Sonnenlicht scheint herein, gerade auf die blonden Locken eines fünfjährigen Mädchens. Ich kann sie nicht genug ansehen. Es ist so etwas Schönes. Sie hat ein fröhliches Gesichtchen. Hand in Hand steht sie mit ihrer dunkeläugigen kleinen Freundin von vier Jahren und singt. Es sind bekannte Kinderlieder. Die Stimmchen sind rein. Solche Töne sind hier so selten! Diese Kinder gehören nach Hause in ein Spielzimmer oder in einen Blumengarten. Sie sehen fein aus. Die Mütter sorgen gut für sie und nähen in der freien Zeit für ihre Lieblinge.

Gegenwärtig müssen die Kinder nicht zum Nachtappell kommen. Ob dies so bleiben wird, weiß niemand. Der Befehl kann plötzlich gegeben werden, daß auch sie mit den Erwachsenen antreten müssen. Dann werden sie auch nachts unter dem Sternenhimmel stehen müssen. Ihre Füßchen werden vor Kälte trappeln, und sie werden nicht begreifen können, warum sie so lange warten müssen, bis man sie wieder hineinläßt. Nun bleiben sie zurück und schlafen friedlich in der großen Barakke. Solange der Appell dauert, sind sie dann allein mit ihrem achtjährigen Bruder. Heute morgen hatte er einen Zornanfall.

Er stampfte mit seinen kleinen Beinen auf den Boden. «Mammie kann das nicht, Mammie darf das nicht tun; es ist viel zu schwere Arbeit für sie.»

Seine Mutter wurde zum «Sandschipp-Kommando» gerufen; in der Tat, viel zu schwere Arbeit für sie. In machtloser Wut stand das Kerlchen da, und schluchzend ging er nachher an den Tisch, wo die Unterrichtsstunde begann. Auf weißen Zeitungsrändern lehrt eine Dame die Kinder Rechnen.

ZWIETRACHT

Zank und Streit in der Baracke. Eine Polin und eine Belgierin geraten schwer aneinander. Ist es ein Wunder, daß man sich auf die Dauer nicht verträgt, wenn man so eng zusammenliegen muß in den kaum 70 Zentimeter breiten Betten? Es ist schon schwer, mit Gleichgesinnten den Frieden zu bewahren und sich gegenseitig zu schonen. Die beiden Frauen schreien immer lauter. Sie werden sogar handgreiflich und versuchen, einander aus dem Bett hinauszuwerfen. Andere mischen sich ein, und das Geschrei wird ohrenbetäubend. Betsie faßt mich am Arm: «Wir müssen beten, Corrie, der Herr kann helfen.» Und dann betet sie: «Herr, erlöse uns von diesem Kampfteufel. Die Menschen sind ihm nicht gewachsen, sie sind gereizt und sehr unglücklich. Aber Du wirst siegen. Laß Deine Gnade über uns walten und Deinen Geist uns erfüllen.» Wie ein Sturm, dessen Kraft im Abnehmen ist, legt sich der Streit. Noch einige kurze Worte, und dann ist es still. Welch eine Kraft hat doch das Gebet! Nur dann, wenn wir alles vom Herrn erwarten, gibt Er uns die Fülle Seiner Gnade.

SCHWERE ARBEIT

Es ist Sonntagmorgen. Es war kalt auf dem Appell, und wir stehen und warten, ob wir bald wieder in die Baracke gehen dürfen. Man fühlt sich nie so armselig wie in den Augenblicken, da man nicht hinein darf. Es ist so furchtbar wenig, was man besitzt. Nehmen sie uns nun noch zeitweise das Dach über dem Kopfe, dann ist die Armut kaum noch zu ertragen.

Das Bett ist schmutzig und voll Läuse; der Boden ekelhaft. Nur sehr wenig Licht kommt herein, denn immer mehr Scheiben zerbrechen und werden durch Karton ersetzt oder, wenn alle Scheiben kaputt sind, wurde eine Decke vors ganze Fenster gehängt. Kein einladendes Haus, und doch: Wenn wir so draußen stehen, verlangen wir nach den Wänden und nach dem Dach über dem Kopf. Denn auch ein Tier muß ein Nest oder eine Höhle haben. Drinnen können wir ausruhen und etwas warm werden. Wenn man unterernährt ist, macht Stehen so müde.

Da werde ich am Arm gezogen. «Arbeitseinsatz!» ruft eine Frau. Sie hat einen Riemen in der Hand. Ich werde zu einer Gruppe Gefangener gestoßen, die in Fünferreihen aufgestellt sind. Ich schaue mich um, ob ich wohl noch weglaufen kann; aber es ist unmöglich. Unsere Nummern werden notiert; wenn man wegläuft, wird man aufgeschrieben, und dann gibt es eine «Meldung», der Schrecken für uns alle. Auf dem großen Platz müssen wir warten. Mien steht neben mir. Sie ist gestern aus dem Krankenhaus gekommen und hat noch starkes Fieber. Aber der Arzt hielt «Aufräumung», und alle Kranken mit weniger als 39 Grad Fieber wurden weggeschickt. Ich hoffe, daß wir keine schwere Arbeit bekommen.

«Alle Beutel abgeben!» Unsere Säckchen mit dem armseligen Besitz werden uns abgenommen. Was wir haben, tragen wir bei uns, denn es wird viel gestohlen. Eine alte Dame drückt ihr Säckchen an sich. Sie will es nicht abgeben. Ich lese in ihren Augen Angst, die Angst eines verfolgten Tieres. Die Aufseherin schlägt sie. Sie wehrt sich, und nun schleifen sie sie zum Offizier, der das Kommando über den Arbeitseinsatz hat. Ist wohl in diesem Mann noch etwas Menschliches? Er hält der Aufseherin eine Strafrede und sagt: «Schlagt doch die Holländer nicht; ihr erreicht nichts damit.» Und nun schreit sie beleidigt: «Die Frau hat mich geschlagen!» Es wird nun laut gezankt, aber das Ende ist: die arme Frau bekommt eine Meldung. Von nun an hängt das Damoklesschwert über ihrem Kopf, verhört und bestraft zu werden mit Bunkerstrafe oder Schlägen. Sie ist eine mutige Frau, aber es kommt etwas Gejagtes und Ängstliches über sie. Wir leiden mit ihr. Sie erinnert mich an meine Mutter.

Nun gehts durch das Tor. Zu beiden Seiten stehen Offiziere

und viele Aufseherinnen. Als eine von uns nicht mit gestreckten Armen läuft, schießt ein Offizier auf sie zu, zerrt sie aus der Reihe und schlägt sie grausam. Ein anderer reißt aus den Händen einer alten Frau ein Täschchen und wirft es mit einem Fluch auf den Boden.

Wie schrecklich ist es, durch diese Pforte gehen zu müssen. «*Ich werde deinen Ausgang und Eingang segnen*», sagt der Herr zu mir. Ich schaue nach oben: es sind viel Schafwolken am Himmel, die rotgefärbt sind.

Wir kommen auf den Weg. Links liegt der schöne See mit dem Ried, ein Ruderboot liegt am Ufer. Durch die Straßen laufen Kinder mit Sonntagskleidern; sie sind auf einem Spaziergang. Wie herrscht doch in unserer Nähe noch so ein freies, normales Leben. Es tut mir gut, es zu sehen. Eine Aufseherin gibt mir einen Puff in den Rücken, daß ich besser Richtung halten soll. Ich laufe sehr mühsam, denn ich bin nicht mehr gewohnt, zu marschieren. Meine Füße und Beine sind dick vom Hungerödem.

Nun gehen wir rechts ab durch einen Wald. Ich hole tief Atem, die Winterluft ist herrlich. Auf einem hügeligen Terrain machen wir halt. Einige Waggons Kartoffeln stehen auf den Eisenbahnschienen. Mit einigen andern muß ich diese Waggons fortstoßen. Die großen eisernen Räder fühlen sich eiskalt an, als ich sie drehe. Als der Wagen anfängt zu fahren, strauchle ich und gehe etwas auf die Seite. Ich keuche von schwerer Arbeit.

Eine Aufseherin höhnt: «Ah, sind die Hände von Frau Baronin zu fein für solche Arbeit?» «Frau Baronin?» Ich schaue an mir herunter. Mein Mantel ist schmutzig und zerfetzt, der Saum hängt herunter; das ließ ich so, weil er sonst viel zu kurz ist. Über meine Hände habe ich ein Stück Strumpf gezogen. Meine Beine sind bedeckt mit einem Stück Strickstoff, den ich mit einer Schnur zusammengebunden habe. Meine Schuhe sind total zerschlissen, die Sohlen hängen lose, und meine Zehen schauen hervor. Ich habe eine dunkle, karierte Mütze auf. Warum nennt die Aufseherin mich Frau Baronin? Ich bin ärmer als die ärmste Bettlerin in Holland.

Eine Frau gibt mir einen großen Korb in die Hände. Sie schüttet Kartoffeln hinein, die muß ich nun mit einer polnischen Gefangenen den Hügel hinauftragen. Ich kann ihn kaum aufheben. Nach zwanzig Schritten muß ich stehen bleiben. Ich kann nicht mehr.

«Schneller, aber schneller!» schreit eine Vorarbeiterin. Vorarbeiterinnen oder Vorfrauen sind Mitgefangene, die für die Verteilung und das Tempo der Arbeit sorgen, also die Verantwortung tragen müssen. Sie werden hierfür mit einer Zulage von Brot und Essen belohnt. Wenn nicht genug gearbeitet wird, bekommen sie Strafe, und aus Angst davor jagen sie uns immerzu. Solche Vorfrauen sind meist hart und grausam. Fast immer laufen sie mit Riemen, um zu schlagen.

Ich keuche den Berg hinauf. Da werden die Kartoffeln in lange Furchen geleert. Langsam laufe ich zurück, aber die Polin, die zusammen mit mir den Korb trägt, zieht mich schnell vorwärts. Sie sieht mich feindselig an. Sie ist eine starke Frau, die scheinbar an schwere Arbeit gewöhnt ist, und sie begreift nicht, daß es nicht Unwille ist, sondern daß ich einfach nicht schneller laufen kann. Ich begegne Mien, die mit fiebrigem, glühendem Gesicht allein einen schweren Korb trägt. Wie ist Mien doch tüchtig, selbst jetzt noch, wo sie so krank ist.

Gegen eine Anhöhe sind lange Furchen gezogen, und ich komme mit einem kleinen Korb an. Eine Aufseherin ruft etwas. Nun kommen fünf, sechs Frauen zusammen und zeigen auf mich: «Sieh einmal, das ist nun eine Holländische! Wagt es, mit so ein paar Kartoffeln zu kommen. Sie ist zu faul, um sich müde zu arbeiten.» — «Sag, hast du Angst, daß wir zu früh fertig werden?» — «Darf ich deinen Korb für dich leeren, Frau Baronin?» Das Körbchen wird aus meiner Hand gerissen, geleert und mir zugeschmissen. Eine gibt mir einen Stoß, und als ich zurücklaufe, höre ich noch lange ihr lautes Lachen. Da denke ich an den Einen, der für mich Hohn und Spott ertrug. Nein, diese Frauen können mir nicht bleibendes Übel zufügen, und doch tut dieses Höhnen weh.

Auf einmal verliere ich meinen Schuh. Die Sohle ist dreiviertel los, mein Strumpf ist klatschnaß. Ich gehe zu einer Aufseherin, die mit einem Offizier tändelt. Sie bekommt eben eine Zigarette von ihm. Ich stehe in Haltung: «Nummer sechsundsechzigtausendsiebenhundertunddreißig, Schutzhäftling ten Boom, Cornelia, meldet sich.» Immer, wenn ich den vorgeschriebenen Anfang eines Gesuches ausspreche, verspüre ich Lust zu lachen. «Was willst du?» fragt sie zwischen zwei Zügen an ihrer Zigarette. «Darf ich aufhören zu arbeiten? Ich kann es nicht aushalten; meine Schuhe sind kaputt», frage ich ganz höflich. Was ist sie für ein junges Ding! Sie ist im Alter meiner Klubmädchen zu Hause. Wird man mit solchen Mädchen später noch Klub halten können? Von oben herab schaut sie mich an: «Geh barfuß», befiehlt sie. Und dann etwas freundlicher: «Nimm weniger Kartoffeln in deinen Korb, wenn du nicht schwerer tragen kannst.»

Wie dauert der Tag lang! Zur Essenszeit müssen wir zu fünfen antreten und bekommen heißen Brei in unsere Becher. Der schmeckt herrlich. Ich werde ganz warm davon, aber meine Beine zittern vor Ermüdung. Beim Zurückmarschieren strauchle ich mehr als daß ich laufe. Nun muß ich wieder das Tor passieren. *«Herr, hilf Du mir! Behüte meinen Ausgang und meinen Eingang; ich verlasse mich auf Deine Verheißung»*, bete ich. Wir kommen glücklich hinein. In der Baracke falle ich todmüde auf mein Bett. Nach einer halben Stunde tiefen Schlafes habe ich mich so erholt, daß dich die Bibelstunde halten kann. Ich spreche über: *«Werde stark in dem Herrn und in der Kraft seiner Macht.»*

Wie herrlich ist es, andere und sich selbst zu trösten mit dem Gedanken, daß Jesus Sieger ist und Seine Kraft in unserer Schwachheit vollbracht wird. Als ich über die große Liebe und Barmherzigkeit und die Kraft des Heilandes spreche, fühle ich mich weit über das Lager emporgehoben. *«Die den Herrn erwarten, bekommen neue Kraft.»*

GENERAL-APPELL

Es ist wieder Sonntag. Alle Gefangenen stehen angetreten. Unter den Holländerinnen herrscht eine angenehme Stimmung. Eine nach der andern müssen wir an einem Offizier vorbeigehen, der über uns Notizen macht. Genau nach Nummern sind wir aufgestellt. Es ist drollig zu sehen, wie gleichgültig die Holländerinnen am «Hohen» vorbeigehen. Sie nennen Nummer und Namen, zeigen ihren Ärmel, wo die Nummer aufgenäht ist, und gehen in das Glied zurück.

Die Aufseherinnen mit ihren grauen Jackettkostümen kokettieren. Für sie ist der Offizier «ein Mann». Sie höhnen diejenigen, die Fehler machen, und ihre Stimmen klingen anders als gewöhnlich.

Bei den Holländerinnen und Belgierinnen ist keine Spur von Angst oder auch nur von Beeindrucktsein. Eine Belgierin steht und strickt, eine Holländerin bereitet ruhig ihr Butterbrot, eine dritte kräuselt sich das Haar mit Haarnadeln, die sie sich in der Fabrik gemacht hat. Eine andere liest; eine andere schreibt und gebraucht den Rücken einer anderen als Schreibpult.

Vom Platz, wo ich stehe, kann ich die Frauen aus der nächsten Baracke sehen. Da stehen Polinnen, und hinter ihnen sehe ich eine Frau, die ihrem Kinde die Brust gibt. Bei einem Hauptappell dürfen die Kinder nicht in der Baracke zurückbleiben. Arme Frau! Da steht sie. In ihrem Arm das kleine Häufchen Mensch. Warum, o warum wird sie nicht mit Fürsorge umgeben durch den Vater des Kindes? Ist er vielleicht auch in einem Konzentrationslager? Wird ihr unterernährter Leib ihrem Kindlein auch noch genug Nahrung geben können, oder werden sie beide langsam hinsterben?

Die Tragik der Umgebung lastet schwer auf mir. Immer wieder schaffen die Holländerinnen eine häusliche Sphäre, wo immer sie sind; etwas Gemütliches, das sie sozusagen gegen die böse Umgebung panzert. Aber Ravensbrück ist nicht gemütlich, Ravensbrück ist ein Kampf zur Vernichtung, eine Hölle!

Begierde

Mieke hat Geburtstag. Sie ist ein so tapferes Menschenkind. Ist sie wirklich schon achtzehn? Sie leidet an Tuberkulose und darf viel liegen. Sie liegt dann in einem der oberen Betten in der «Stube», die dem großen Schlafsaal vorgelagert ist. Wir mögen sie alle gern. Sie leidet oft an Heimweh, ist aber voller Sanftmut und Geduld. Wenn man solche Menschen trifft, dann kommt wie von selbst der Seufzer über unsere Lippen: «O Herr, wie lange noch? Rette Du uns aus aller Not und Trübsal.»

Mieke müßte liebevolle Pflege und hygienische Betreuung haben. Hier ist von letzterer nicht das geringste zu spüren, wohl aber von Liebe, denn wir alle tun unser Möglichstes, um ihr Leiden zu erleichtern. Heute hat man ihr einen wunderschönen Geburtstagstisch aufgebaut. Buntes Papier und einige wenige Blumen bilden die Umrahmung. Dann gibt es eine Art «Torte» aus kalten Kartoffeln und Brot, mit roten Rüben und Radieschen verziert. Sie sieht «wie echt» aus. Der Tisch steht hinter einem Schrank, und die Gäste sitzen eng zusammengedrängt auf Hockern. Ich komme gerade vorbei und sehe den festlich geschmückten Tisch, gratuliere dann Mieke und bleibe einen Augenblick bei ihr stehen. Ich habe einen furchtbaren Hunger, und es dauert eine Weile, bis Mieke mir etwas anbietet. Dann ertappe ich mich dabei, daß ich ein sehr läppisches und falsches Gebet spreche: «O Herr, laß sie mir etwas von jenem Röstbrot schenken.» Gleich darauf wird mir die Platte angeboten, und ich beiße gierig in das appetitlich zurechtgemachte «Törtchen». Das schmeckt! Aber innerlich schäme ich mich sehr. Fange ich auch an, egoistisch und habgierig zu werden? Ist es der Hunger, der das bewirkt?

Als wir später bei unserer Kohlrübensuppe sitzen, bete ich: «Herr, segne diese Speise, Amen.» Wie oft habe ich diese Worte gedankenlos gesprochen. Jetzt haben sie aber eine große Bedeutung. Wenn Gott diese Speise wirklich segnet, dann wird sie auch genügen, und Gott wird mir helfen, meine Gier zu bezwingen.

Ravensbrück, das tötet

Als wir als Neulinge im Lager von Ravensbrück ankamen, empfingen uns schon früher eingetroffene holländische Gefangene mit einem freundlichen Willkommen, aber auch mit vielen Ratschlägen. Unter anderem sagten sie: «Ihr könnt es hier aushalten, wenn ihr es lernt, nur für euch selbst zu sorgen.»

Ich antwortete damals: «Das ist Ravensbrück, das tötet.» Das war eine Variante eines Wortes von Selma Lagerlöf: «Es gibt ein Jerusalem, das tötet.»

Nun, da ich hier schon längere Zeit bin, sehe ich, welch eine große Gefahr das Lager für uns ist. Der Egoismus schleicht sich ins Herz, ehe man sich dessen bewußt wird, und er ist ein zäher Teufel, den man nicht so leicht wieder los wird. Es ist z.B. ein Pullover zu kaufen. Wer soll ihn haben? Gleich denkt man: «Ich, denn ich habe heute morgen so gefroren.» Daß die andern es ebenso sehr nötig haben, vergißt du am liebsten. Not lehrt beten, aber Not kann auch selbstsüchtig machen. In Ravensbrück herrschen Teufel. Grausamkeit und Sadismus offenbaren sich in ihrer ganzen Häßlichkeit. Der Egoismus sieht noch ganz anständig aus, aber ich fürchte, daß er für uns eine noch größere Gefahr bedeutet.

SANDSCHAUFELN

Einmal hatte ich in einem Bibelkreis für Schwachsinnige den Unterschied zwischen «erschaffen» und «schaffen» erklärt. Ich hatte erzählt, wie die Menschen zum Häuserbau Holz, Steine und noch vieles andere mehr brauchen, daß Gott aber ohne alle diese Hilfsmittel die Welt erschaffen habe. Eine Woche später stellte ich den Mädchen die Frage: «Wer von euch kann mir jetzt noch sagen, was ‚erschaffen' heißt?» Da bekam ich zu meiner Überraschung die folgende treffende Antwort: «Ganz einfach: wenn *wir* schaufeln, dann haben wir einen Spaten nötig, Gott aber kann schaufeln ohne Schaufel oder Spaten.»

Jetzt stehen Betsie und ich hier und schaufeln Sand. Das Gelände muß abgegraben werden, und große Mengen Sand sollen an eine etwas tiefer gelegene Stelle gebracht werden. Es ist sehr kalt: Trotz der schweren Arbeit, die uns erwärmt, spüren wir, wie der eisige Nordwind durch unsere spärliche Bekleidung dringt. Die Aussicht hier oben ist herrlich: Hügel, Wälder, hier und da kleine Seen. Wir sind jetzt außerhalb des Lagers, aber von Flucht kann trotzdem keine Rede sein. Wo sollten wir auch hin? Wir sind tief in Deutschland drin und werden außerdem auf Schritt und Tritt bewacht. Die Aufseherinnen, die «grauen Mäuse», wie wir sie nennen, haben alle einen Riemen bei sich, der als Peitsche verwendet wird. Auch die Vorarbeiterinnen, Mithäftlinge, haben sich damit bewaffnet und treiben uns damit an.

Wenn wir nur ganz kurz pausieren und ein wenig verschnaufen, kommen sie sofort auf uns zu. Betsie kann nur kleine Häufchen Sand schaufeln, sie ist ja so schwach. Wie schrecklich ist es doch, daß sie dies alles durchmachen muß.

Eine Aufseherin befiehlt ihr, mehr Sand auf ihre Schaufel zu nehmen. Ruhig antwortet sie: «Lassen Sie mich nur. Auf diese Weise kann ich vielleicht durchhalten, nähme ich aber ‚mehr Heu auf meine Gabel' (holländische Redensart. Übers.), dann müßte ich bestimmt bald ganz aufhören.»

Jetzt stehen drei «Sklaventreiberinnen» um sie herum und verhöhnen sie, das verstehen sie alle meisterlich! Geringschätzig zeigen sie sich gegenseitig, wie langsam Bep arbeitet. Sie werden Betsie doch nicht verprügeln? Sie ist ihr ganzes Leben lang nur von Liebe umgeben gewesen. Jetzt ist sie noch zarter und schwächer als früher und muß so schwer arbeiten mit den vielen bösen Menschen um sich herum. Nein, man darf, man kann sie nicht schlagen! Sie hat mir den Rücken zugewendet und arbeitet unverdrossen weiter, kümmert sich kaum um das, was um sie vorgeht. Mit einem Male dreht sie sich um und sagt: «Gott kann schaufeln ohne Schaufel!» Der Humor verläßt Bep nie, und in ihren Augen blitzt es schelmisch auf. Ihr Gesicht ist ruhig und friedlich wie immer. Und ich bete: «Herr, Du kannst schaufeln ohne Schaufel. Du bist allmächtig. Ich weiß mir keinen Rat mehr, Du aber kennst den Weg, der jetzt so dunkel und drohend vor uns liegt. Du kannst ‚schaufeln ohne Schaufel'.» Der Ausspruch eines schwachsinnigen Mädchens wird zum immer wiederkehrenden Refrain meiner inbrünstigen Gebete. Er wird auf viele Jahre hinaus zum geflügelten Wort bei uns, weil er so treffend und richtig ist. «Schneller, schneller», schnauzt mich eine Aufseherin an und schlägt mit ihrem Riemen erbarmungslos auf mich ein. In meinem Herzen aber ist Friede.

Das Licht siegt

Wir sind alle unterernährt. Das Essen ist völlig ungenügend. Meistens bekommen wir Kohlrüben oder Kürbis mit viel Wasser. Der Kümmel darin macht das Ganze noch widerwärtiger. Die unausbleibliche Folge des fortwährenden Hungergefühls ist, daß die meisten von uns ununterbrochen vom Essen reden: «Ich habe ein herrliches Rezept für Käsestangen.» «Weißt du, wie man einen besonders feinen Pudding machen kann? Ein halbes Liter Sahne, 200 Gramm Zucker, der Saft von vier Orangen . . .»

So werden schon harmlose Pläne geschmiedet für die Zeit, wo wir frei sein werden, aber... Die Kohlrüben wollen nun nicht mehr schmecken! Betsie und ich beschließen, nie über Essen zu sprechen. Wir bemerken, daß um uns herum böse Dämonen am Werke sind, und denken an den Text: «Diese Art fährt nicht aus denn durch Beten und Fasten.» Wir geloben uns, unsere unfreiwillige Fastenkur in unsere geistliche Arbeit mit einzuschalten. Die Folge ist, daß wir unter dem miserablen Essen kaum zu leiden haben. Es schmeckt uns sogar meistens gut. Den Segen, den wir dadurch empfangen dürfen, daß wir die Dämonen um uns herum bekämpfen, bringen wir mit dem Fasten in Beziehung. Es ist ein immer neues Wunder, daß der Heiland uns Seine Liebe geschenkt hat. Mit Ihm besprechen wir alle unsere Nöte und Sorgen, und obgleich wir die tausenderlei schweren Probleme nicht zu begreifen oder gar zu lösen vermögen, legen wir sie dennoch getrost in Seine Hände und arbeiten ruhig weiter.

Oft spüren wir, wie der Teufel seine Kraft gegen uns einsetzt. Eines Tages erreicht uns die Nachricht, daß in Krankenbaracke 8 eine junge Frau liegt, die den Mut vollkommen verloren hat. Das ist besonders gefährlich, denn wir haben schon oft erlebt, daß der Körper den Kampf dann aufgibt, wenn der Lebensmut fehlt.

Wir beschließen, den Versuch zu wagen, zu ihr zu gelangen. Es ist natürlich strengstens untersagt, in die Krankenbaracke zu gehen. Zu fünft gehen wir hin. In einer Ecke vor der Baracke halten wir eine kurze, schlichte Gebetsstunde. Dann gehe ich allein vor. Ich weiß genau, wo sie liegt. Ich sehe sofort, daß die Läden ihres Fensters geschlossen sind. Ich kehre um, und wir beten wieder zusammen: «Herr, gib, daß die Fensterläden geöffnet werden.» Eine Angehörige der Lagerpolizei geht gerade vorüber und macht die Läden auf. Wieder gehe ich hin und stoße auf eine neue Schwierigkeit: Das Fenster kann von außen nicht aufgemacht werden. Ich kehre nochmals zurück, und gemeinsam beten wir, daß das Fenster geöffnet werden möge. Ehe ich wieder am Fenster bin, hat eine Polin es schon von innen her aufgemacht. Dann beginne ich ein Gespräch: «Willy, kannst du mich von hier aus hören?» «Ja, o wie schön, daß du da bist. Ich bin so furchtbar niedergeschlagen. Ich habe solche Schmerzen, und alles ist so schrecklich.» Bauz, da habe ich eine Ohrfeige von einer Lagerpolizistin weg. «Weitergehen», fährt sie mich an. Ich gehe zu den anderen zurück. «O Herr, halte Du die Lagerpolizei fort und gib mir die Trostworte für Willy», bete ich.

Ich stelle mich jetzt etwas weiter weg vom Fenster auf. Die Lagerpolizei läßt sich nicht blicken.

«Willy, denke daran, daß der Herr Jesus dich lieb hat. Wenn du Schmerzen hast, dann besinne dich auf das Leiden, das Er für unsere Sünden auf sich genommen und das dir den Weg in den Himmel geöffnet hat. Deshalb steht das irdische Leiden in keinem Verhältnis zu der Herrlichkeit, die uns im Himmel zuteil werden wird. Wenn du die Hand des Heilandes ergreifst, dann hält Er dich fest und hilft dir, alles zu tragen. Dann werden irdische Not und Trübsal in ewige Seligkeit verwandelt.» In dieser Weise spreche ich eine Weile ruhig weiter, bis Willy schließlich sagt: «Jetzt sehe ich alles wieder klar, und ich habe neuen Mut bekommen. Du hast mich wunderbar getröstet, ich danke dir innig.»

Da erhalte ich wieder einen heftigen Schlag von einer Lagerpolizistin. Sie schließt ostentativ sowohl das Fenster als den Laden. Es ist unmöglich, weiterzureden, aber ich weiß es jetzt: Christus hat wieder gesiegt. Willy ist getröstet worden, und gemeinsam danken wir in unserer Ecke Gott dafür, daß der Böse den Sieg nicht davongetragen hat.

Sieg in Christus

Nach dem Appell gehen Betsie und ich meistens nochmals ins Bett und versuchen, ein wenig zu schlafen. Wir sind dann so übermüdet und durchfroren, daß wir uns so eng wie möglich unter unsere Decken und Mänteln zusammenkuscheln, um wieder warm zu werden.

Eines Morgens dürfen wir nicht in die Schlafbaracke zurück, sondern müssen zur «Entlausungsstelle». Sie ist in einem mächtigen, Tausende von Menschen fassenden Zelt untergebracht. Der Fußboden ist aus Stein, und nirgend gibt es auch nur die primitivste Sitzgelegenheit. Es ist ein kalter Tag. Der Wind heult, und es gießt in Strömen. Wir müssen uns ausziehen und werden mit Insektenpulver besprizt, auch unsere Kleidung. Es ist eine schmutzige Angelegenheit. Auch unsere

Hände werden schmutzig; das Pulver haftet fest an der Haut. Wir fühlen uns elend und krank, sind völlig erschöpft und durchfroren.

«Heute kann ich keine Andacht halten», sage ich zu Betsie, die ich mit meinem Arm umschlungen halte. «Nein», sagt sie, «ich kann es gut verstehen.» Da sehen wir aber, daß die Polinnen in einer Zeltecke einen Gottesdienst halten. Da weiß ich, daß auch ich nicht zurückbleiben darf und trotz Müdigkeit und Kälte sprechen muß.

Ich rufe einige Bekannte herbei und sage zu ihnen: «Sobald die Messe für die Polen vorbei ist, treffen wir uns an der gleichen Stelle. Bitte gebt es weiter.» Nicht nur die Bekannten, für die ich jeden Morgen zu sprechen pflege, kommen, sondern auch viele andere, die sich vielleicht aus lauter Langeweile mit einfinden. Ich weiß es: Ich bin schwach und bin allen Schwierigkeiten, der Kälte, dem Elend und der Müdigkeit kaum gewachsen. Aber Gott spricht durch Seinen Geist aus meinem Munde, und ich fordere diejenigen, die bisher noch nie gekommen waren, auf, sich zu bekehren. Ich lege Zeugnis ab für den Sieg Christi.

Wie erstaunlich: Noch nie habe ich meine Ohnmacht so stark empfunden, und dennoch kann ich mit Feuer und Überzeugung reden. «Ihr werdet siegen in Christus.» Es ist mir völlig klar, daß nur Sein Geist hier am Werke ist, daß es Christus ist, der wahrhaft siegt. Seine Kraft ist in mir.

«Du hast wie ein Soldat von der Heilsarmee gesprochen», sagte später eine Freundin zu mir. Mehrere meiner Zuhörerinnen, die vorher niemals unsere Zusammenkünfte besucht hatten, kommen von nun an regelmäßig. Dann kommen unsere katholischen Holländer und Belgier zusammen für ihre Messe. Es ist der 1. November, und sie feiern Allerheiligen. Der Zulauf ist groß, und es wird inbrünstig gebetet. Gerade dieser Tag, so bitter schwer und voller Not und Trübsal, wird zu einer großartigen Kundgebung zu Ehren Gottes.

Das Wort läuft

Wir sind nicht die einzigen, die durch Gott gebraucht werden, das Evangelium zu bringen. Nicht alle können Bibelstunden halten. Oder vielleicht könnten sie es sehr wohl, aber sie fühlen sich nicht dazu berufen. Eine von uns hat ein Psalm- und Gesangbuch. Sie leiht es immer aus und hilft dadurch vielen. Ich habe die Psalmen und alten Lieder noch nie so wertgeschätzt wie heute. Manchmal spricht sie auch mit den Menschen vom Heiland, und wenn ich gesprochen habe, hält sie meist noch ein Zwiegespräch mit mir. Alle hören zu. Sie gibt eine gute Ergänzung zu meinen Worten. So arbeitet sie herrlich mit. Ihre Gespräche bauen auf. Es freut mich immer, wenn ich beim Appell neben ihr stehen kann.

Ich weiß, daß bei den Transporten, die weggegangen sind, verschiedene ihre kleinen Bibeln unter den Kleidern durchgeschmuggelt haben. Es sind auch solche unter ihnen, die diese Bibeln nicht nur für sich allein gebrauchen werden, sondern auch damit arbeiten wollen. Ob ich wohl später noch von ihnen hören werde? Gottes Königreich kommt, und Er gebraucht hierzu, welche Er will. «Die Sach ist Dein, o Haupt und Herr, die Sach, für die wir stehn, und da es gilt Dein Sach und Ehr, kann sie nicht untergehn.»

Es sind viele, die die Botschaft annehmen; aber auch viele sind nicht erreichbar. Not lehrt beten, aber Not kann auch hart machen. Die Härte ist ein Abwehrmittel; ich fühle das selbst auch als eine Versuchung. Wenn man das Leid um sich her nicht ansehen kann, versucht man sich dagegen hart zu machen. Dann wird man für gute Gefühle unzugänglich. Werden diese hartgewordenen Menschen in besseren Lebensumständen wieder weich werden? Ich weiß es nicht. Gott hat mit jedem Menschen Seinen besonderen Weg.

Bewußte Feindschaft finde ich unter meinen Mitgefangenen nicht. Auch diejenigen, die nicht mit mir eins sind, bleiben freundlich. Dafür bin ich so dankbar. Auch die Katholiken haben regelmäßig ihre Gottesdienste, an denen viele teilnehmen. Sie loben Gott und beten miteinander für jeden um Kraft für den Kampf. Trotz der auseinandergehenden Glaubensüberzeugung tauschen wir oft unsere Gedanken aus, suchen das Übereinstimmende, besprechen die Verschiedenheiten, fühlen uns dennoch als Kinder *eines* Vaters

HÖLLE

Heute morgen ist Appell; er beginnt um halb fünf Uhr. Es ist sehr kalt. Schon um halb vier Uhr wurden wir aus den Betten gejagt. Draußen auf der Lagerstraße, wo alle Gefangenen antreten müssen, ist die Beleuchtung noch nicht einmal in Funktion. Dann stehen, so sagt man, fünfunddreißigtausend Menschen da. Es scheint, als wolle der Appell kein Ende nehmen. Wenn endlich die Uhle, das ist die Sirene, das Zeichen zum Abtreten gibt, sind wir alle durch und durch steif geworden.

Herrlich, gleich sind wir wieder im Bett, können ausruhen und werden wieder warm. Aber die Barackentüre ist verschlossen. Noch dreiviertel Stunden müssen wir draußen stehen, sehnlich verlangend, daß sie aufgehen möchte.

Die Aufseherin bewacht die Tür mit der Peitsche in den Händen. Eine Frau versucht, durch das Fenster zu klettern, und wird zurückgeschlagen. Nun prügelt die Blockälteste sie unbarmherzig. Ich höre das Wimmern und das Peitschen. Unbeweglich stehe ich dabei. Mir ist, als erstarre ich vor Elend.

Ein schwachsinniges Mädchen, das eben vor uns seine Notdurft verrichtet, wie unbarmherzig wird sie geschlagen! Sie kann ja nichts dafür, das arme Kind; sie hat nur ein Hemd und ein Kleid an. Sie schreit laut auf. — Ein altes Frauchen bittet flehend, hineingehen zu dürfen, aber sie darf nicht, und gleich nachher fällt sie auf den Boden. Ich schaue mich um. Ich lese auf den Gesichtern der meisten Abscheu, Haß, oder stumpfe Gleichgültigkeit und Verzweiflung. Betsie lehnt sich gegen mich. Ich halte sie umfangen. Es ist einer der wenigen Augenblicke, daß sie das Elend um sich her sieht und in sich hineindringen fühlt. Leise sagt sie: «O Corrie, hier ist die Hölle!» — «Gott hat gesagt: *Ich werde deine Seele in der Hölle nicht verlassen*», flüstere ich.

Auf einmal färbt die Luft sich rot. Die Sonne ist noch nicht aufgegangen, aber die durch den Wind aufgejagten Wolken werden schon durch die Sonne beschienen und verbreiten eine rosige Glut. Wenn dunkle Wolken durch die Sonne beschienen werden, geben sie allem eine so schöne Farbe. «So wird das Licht des Heilandes auf uns scheinen hier in Ravensbrück, und dann wird Wärme und Farbe davon ausstrahlen», sage ich leise. Ich begreife es nicht; glauben ist nicht sehen.

SIEG

Die obersten Betten sind derart nahe an der Decke angebracht, daß man kaum Platz hat, aufrecht im Bett zu sitzen. An einigen Stellen ist ein Brett in der Decke gelockert worden, so daß man dort den Kopf etwas höher emporheben kann. Da sitze ich, wenn ich mich mit den Jugendlichen unterhalte, die alle in den oberen Betten schlafen. Hier werden die Betten bis in den äußersten Winkel von der Deckenlampe beleuchtet. Um mich herum liegen viele Mädchen. Sie sind so tapfer und voll guten Muts. Soeben haben wir miteinander über die Führung in unserem Leben gesprochen. Jetzt sagt eines der Mädchen: «Es ist bestimmt kein Zufall und noch weniger ein Irrtum, daß Gott mich in das Lager Ravensbrück geführt hat. Erst hier habe ich richtig beten gelernt.»

«Mich hat die Not hier begreifen gelehrt, daß das Leben erst wirklich Sinn hat, wenn man sich voll und ganz dem Herrn Jesus ergibt. Ich war schon immer ein bißchen fromm, aber es gab Sachen in meinem Leben, bei denen ich Jesus vollkommen ausschloß. Jetzt aber herrscht Er wie ein König über alles in meinem Leben.»

«Bevor ich nach Ravensbrück kam, habe ich das Leben niemals ganz ernst genommen», sagt eine andere. «Nach meiner Befreiung wird mein Leben ganz anders aussehen als früher. Ich danke Gott, daß ich hier sein darf.»

Ein auf dem Bett hinter mir sitzendes Mädchen zieht mich am Ärmel und sagt: «Komm bitte heute auch zu uns, wir haben einen ganzen Kreis Mädels, die alle gern über die Bibel reden hören möchten.» Ich krieche hinter ihr her, stoße manchmal meinen Kopf an, und mein Kleid wird von herausragenden Nägeln zerrissen. In meinem Herzen aber ist große Freude. An jenem Sonntag muß ich neunmal sprechen. «Arbeitseinsatz antreten!» wird plötzlich gerufen. Zweihundertfünfzig Jugendliche werden ärztlich untersucht und nach München abtransportiert. Als sie sich vor der Baracke aufstellen, ist es, als ob in unserem Innern etwas zerbricht.

Der Name, der durch die Lüfte tönt

Nachdem viele von uns abtransportiert sind, kommen eine Menge Polinnen an die leergewordenen Stellen. Sie haben unsagbar viel durchgemacht und sehen abgehärmt aus. Ihre Sprache kennen wir nicht, aber wir müssen das gleiche Leid ertragen, dicht nebeneinander. Ein Heiland trug unser aller Schmerzen.

Es ist Abend. Eine kleine zarte Frau lehnt erschöpft gegen den Bettrand. Sie sieht so furchtbar traurig aus, daß Betsie auf sie zugeht und ihre Hand faßt. Dann sagt sie in fragendem Ton: «Jesus Christus?» Ein Freudenstrahl erhellt das betrübte Antlitz. Sie zieht Betsie an sich und küßt sie. Der Name, der durch die Lüfte tönt, verbindet Himmel und Erde, aber auch Menschen und Völker.

In diesen griechisch-katholischen Frauen lebt eine große Liebe zu ihrem Heiland, so groß und tief, daß ihre Augen glänzen, wenn wir Seinen Namen nennen. Manchmal singen wir: «Komm zu dem Heiland, komme noch heut». Dann singen auch die Polinnen mit. Die Heilsarmee hat diese Melodie nach Polen eingeführt. Den Text, den sie singen, können wir nicht verstehen. Wenn wir aber einst dieses Lied am Throne Gottes singen werden, dann wird kein Sprachunterschied uns mehr trennen.

Getrennt

Betsie ist krank. Ihre Hände fühlen sich fiebrig an, ihre Stirn glüht. Sie ist wie immer noch fröhlich und guten Mutes. Wir gehen zusammen zum Krankenappell. Auf dem Hof des Reviers (Krankenbaracke) stehen schon Hunderte von Kranken. Manche können kaum stehen; sie lehnen sich schwer auf den Arm anderer, die nicht so schwer krank sind. Es liegen auch Kranke auf Bahren, draußen in der Kälte.

Wie ist so ein Krankenappell doch grausig! Manchmal müssen sie stundenlang stehen und bekommen so noch den letzten Gnadenstoß. Doch ist es verwunderlich, wieviel ein Mensch, auch ein kranker Mensch, ertragen kann. Ich denke an zu Hause. Wie haben einen die Hausgenossen versorgt und verwöhnt, wenn einem etwas fehlte. Man konnte im Bett bleiben, und alles wurde einem zugetragen, was nur irgend helfen konnte, damit es ja bald wieder besser ginge. Hier müssen die Kranken stundenlang draußen stehen, ehe sie vorgelassen werden, und dann, wenn das Fieber sehr hoch, bei vierzig Grad, ist, erwartet einen das Krankenhaus, wo die Verpflegung schlecht ist. Ist das Fieber unter vierzig, bekommt man eine Anweisung, auf die man sich am folgenden Tage eine Aspirintablette holen kann. Eine Dame neben mir erzählt, daß sie mittwochs krank wurde und nach einer Wartezeit von drei Stunden im Freien eine Anweisung für Medizin bekam. Den folgenden Tag ging sie hin, sie zu holen, aber gerade in dieser Stunde war Luftalarm; es durfte also niemand auf die Straße gehen. Freitag kam sie gerade eine Minute zu spät. Samstag war wieder Luftalarm. Sonntags war das Revier geschlossen. Montags kam sie endlich mit ihrem Rezept an den Tisch beim Tor, wo sie zu hören bekam, daß keine Medizinen mehr vorrätig seien; sie müsse warten, bis wieder neue da sei.

Betsie sieht schlecht aus. Eine holländische Schwester kommt auf uns zu und führt uns nach vorn. Sofort wird Betsie krank befunden. Die Kranken müssen an einer Schwester vorbeilaufen, die Thermometer austeilt. Jede nimmt stehend die Temperatur selbst auf. Ist sie hoch genug, dann geht es ins Arztzimmer. Betsie hat über vierzig Grad. Sie ist also krank genug für die Aufnahme ins Krankenhaus und muß nun noch auf andere warten, um mit ihnen zusammen nach Baracke 10 zu gehen, wo sie verpflegt werden sollen.

«Wie ist der Herr doch freundlich, daß Er so für mich sorgt. Nun mußte ich nur so kurz draußen stehen. Wie leitet mich doch der Heiland von Schritt zu Schritt», sagt Betsie. Sie ist immer dankbar. Meine Gedanken sind: Wenn man gesund ist, ist das Lager arg; aber wenn man krank ist, dann ist es geradezu schrecklich. Wann, o wann wird hier ein Ende kommen? Als Betsie durch eine unfreundliche Schwester ein Bett angewiesen bekommt, werde ich zurückgeschickt; ich hätte überhaupt nicht kommen dürfen.

Am folgenden Tag klettere ich durch das Fenster des Waschraumes in Baracke 11 und warte da, bis ich genug Mut gesammelt habe, um in den Saal zu gehen. Da liegt Betsie mit einem französischen Mädchen in einem schmalen Bett. Sie freut sich so, daß ich bei ihr bin und erzählt, daß das Mädchen sie fortwährend stößt, bis sie aus dem Bett fällt. Nachts sei das sehr schlimm gewesen.

«Es ist so dunkel im Herzen des armen Franzosenkindes», sagt sie. «Ab und zu erzähle ich ihr etwas vom Heiland. Jesus ist Sieger. Er wird auch diese Schwierigkeit überwinden. Es ist kein Zufall, daß ich mit diesem Mädchen zusammenschlafen muß.» Ich frage, ob sie viel unangenehme Dinge sieht. So wie das bei ihr oft der Fall ist, merkt sie auch jetzt wenig oder nichts vom Elend um sie her. Verpflegung oder Medizin bekommt sie nicht, aber sie ist ganz zufrieden.

Eine Schwester kommt auf mich zu und fragt, wie ich hier hereingekommen bin. «Wenn ich dich noch ein einziges Mal sehe, bekommst du eine Meldung.» Nicht einmal besuchen darf ich sie. «Auch dieses nimmt eine Ende», tröste ich mich, aber es ist an diesem Tag recht dunkel in meinem Herzen. Ich vermisse Betsie mehr als mir bewußt ist. Ihre Fröhlichkeit hilft mir immer so sehr.

Es ist trübe, kalt, neblig. Die Sonne kann man nicht sehen. Als ich hinauslaufe, rebelliere ich gegen Gott. «Warum lässest Du uns so lange in Gefangenschaft? Warum muß Betsie so leiden und darf ich sie nicht besuchen? Warum muß ein so ekliges Franzosenkind sie aus dem Bett stoßen? Willst Du uns denn niemals erretten?» Dann spricht der Heiland zu mir; Er sagt nur drei Worte: «Remplie de tendresse.» Ich bleibe stehen und sehe mich um. Niemand ist in der Nähe. Nein, es war der Herr, der diese Worte sprach. Ich fühle mich tief beschämt, und Tränen der Reue kommen in meine Augen — und ein herrliches Trostgefühl. Ach, ich hätte verdient, daß der Herr mich nun von sich stieße. Wie durfte ich es wagen, mich gegen Ihn aufzulehnen, der mich fortwährend so leitet und tröstet und mir weiterhilft. Aber statt sich von mir abzuwenden, spricht Er von Seiner Liebe zu mir. Für mich, Sein revoltierendes Kind, hält er Seine Arme weit ausgebreitet und sagt: «Voller Zärtlichkeit.»

Nein, ich bin nicht allein, und ich weiß, daß denen, die Gott lieben, sich alle Dinge zum Guten fügen.

Eine freundliche alte Frau

Betsie kommt nach drei Tagen zurück. Sie ist noch krank, und als sie um halb fünf Uhr zum Appell kommen muß, kann sie's fast nicht aushalten.

Sie kann nicht stehen, sondern sitzt auf einem Hocker. Den bekommen wir von einer alten Dame, die des nachts aufgestanden ist und zwei solche Schemel aus dem Saal hinausgetragen hat. Sie hat sie hinter der Baracke versteckt, und nun kommt sie triumphierend damit zum Appell. Sie teilt einen mit Betsie.

Als ich sehe, wie sie sich so mit den Hockern plagt, sage ich: «Ist das nicht zu schwer für Sie?» – «Es ist das einzige, was ich noch für andere tun kann», antwortet sie. Es gibt Egoismus in Ravensbrück, aber auch viel Liebe und Selbstaufopferung. Das ist Ravensbrück, das lebendig macht.

Verlangen

Nach dem allgemeinen Appell morgens um halb fünf Uhr müssen alle Arbeitskommandos einzeln antreten. Das ärgste ist, wenn man nicht einer bestimmten Arbeit zugeteilt wird. Der Arbeitsappell ist ein Sklavenmarkt, wo jeden Morgen für schwere Arbeit Auswahl gehalten wird. Viele haben nicht viel Widerstandskraft und fangen an, sich selbst als Sklaven zu fühlen. Soweit ich sehen kann, ist das glücklicherweise bei den Holländerinnen nicht der Fall.

Wir, die stricken müssen, haben unseren Platz ganz hinten in einer Ecke des großen Terrains hinter den Baracken. Kahle Mauern mit viel Stacheldraht geben dieser Ecke eine rechte Gefängnis-Atmosphäre. Bevor wir uns aufstellen, ist es noch Zeit, ein wenig hin und her zu laufen. Wir stampfen auf den Boden, um unsere kalten Füße etwas zu erwärmen, und laufen so schnell wir können. Hier begegnen wir immer vielen Freunden.

«Gibt es etwas Neues?» «Ja, ein SS hat gesagt, daß die Königin und der Prinz wieder in unserem Lande sind.»

Herrlich, zu Hause sind sie also frei. Welch ein Trost! Bald werden wir auch in unser Vaterland zurückkehren. Wir sind voll Mut. Lange kann der Krieg doch sicher nicht mehr dauern. — Wir wissen nicht, daß alle diese optimistischen Berichte Lügen sind und daß unser armes Land nur zu einem kleinen Teil befreit ist. Es ist November 1944.

Ich stehe und träume. In meiner Einbildung sehe ich, wie die Menschen gedrängt in den Straßen stehen. Die Königin kommt an. Sie fährt langsam. Wie haben wir sie doch so lieb. Wie hat sie mit und für uns gelitten. Die Mutter unseres Volkes. Ich höre Vaters ruhige Stimme für sie beten: Segne unsere Königin!

Ja, von meiner frühesten Jugend an, alle Tage, am Tisch, betete er für sie. Und in den letzten Jahren fügte er hinzu: Bringe sie bald wieder in unsere Mitte. — Vater erlebt die Erhörung nun nicht mehr, aber er sieht noch herrlichere Erfüllungen im Himmel. — Ich höre die Kinder auf dem Großen Markt singen: «Für Königin und Vaterland wacht jeder Junge mit!» Auf dem Hintergrund sehe ich die große Kirche, auf dem Balkon des Stadthauses steht die Königin. Haarlem ist frei und die Königin ist wieder da.

«Schneller, aber schneller!» schreit eine Lagerpolizei. Ihr Riemen trifft meinen Mantel. Es schmerzt nicht, aber ein Schmerz, größer als körperliches Leiden, läßt mich zusammenschauern. Ich stütze Betsie, die droht zu fallen, weil man sie die dunkle Mauer entlang jagt, und ich flehe lautlos: «O Herr, erlöse uns doch bald und laß uns teilnehmen an der Freude unseres freien Vaterlandes.» Ich hungere nach Freiheit! Einmal werden wir befreit sein, einmal wird eine Zeit kommen, wo kein Stacheldraht unter Strom, keine Gefängnismauern uns mehr umringen werden. Keine bösen Frauen werden uns mehr entgegen kreischen: «Schneller, aber schneller!» Keine grausamen Menschen werden mehr Macht über uns haben. Bald werden wir wieder Farben, viele Farben sehen. Wir werden wieder frei gehen dürfen, wohin wir wollen. Bäume, Blumen, Gras und Heide werden uns wieder umgeben. Wir werden Musik hören und wir werden selbst singen. Dann werden wir nicht mehr gejagt und gepeitscht. Einmal . . .

«Wie wird uns dann, o dann einst sein!»

Die Welt ist ein Konzentrationslager. Einst werden wir befreit werden. Einst wird die irdische Begrenztheit verschwinden und der Himmel wird unser Aufenthaltsort werden. Keine Dämone sind dann um uns her.

TRAUER

«Für diejenigen, die dem Heiland angehören, ist der Tod keine Grube, in die man hineinfällt, sondern ein Tunnel, durch welchen man in die Herrlichkeit des Himmels eingeht.» Als ich diese Worte ausspreche, schaue ich nach den betrübten Gesichtern um mich her. Das Licht aus den kaputten Fenstern bescheint sie kaum, aber doch lese ich großen Schmerz in ihren Augen. Soeben ist wieder eine der Unseren gestorben. Gestern zwei. Wer wird übrigbleiben? Wer wird wieder nach Holland zurückkommen?

«Der Zweck unseres Lebens liegt nicht in der kurzen Zeit zwischen unserer Geburt und dem Tode; unsere Bestimmung ist der Himmel. Sie kamen dort vor uns an. Für sie bedeutet es nur Herrlichkeit.» Nach meinen Worten singen wir: «Ich werde dann ewig bei Dir sein.» Könnte ich selbst es doch immer von dieser Seite ansehen! Es ist heute so dunkel. Draußen fällt ein düsterer Regen. Es sind wieder zwei Scheiben zerbrochen durch eine, die vom höchsten Bett herunter klettern mußte; während ihre Füße das Fenstersims suchten, hat sie die letzten Scheiben eingedrückt. Es ist zu kalt, um es so zu lassen, darum hängen sie einen Lumpen vor. Nun ist es den ganzen Tag noch dunkler. Und der einzige Platz, wo wir sein können, ist unser schmales Bett, und das teilen wir noch zu zweit.

DIE HEBAMME

Die graue Baracke, das Revier 1, ist das grausame Zentrum von medizinischen Schurkenstreichen. Da lebt, inmitten von infamen Schelmen, eine unschuldige, arbeitsame Frau: die Hebamme. Sie ist eine unserer Mitgefangenen. Alle schwangeren Frauen, deren Zeit gekommen ist, werden nachts und tagsüber zu ihr gebracht.

Geburten kommen auch in den Baracken selbst vor, mitten unter allen anderen, ohne daß eine fachkundige Hilfe anwesend ist. Sie aber hilft mit Liebe und Treue, und was das Besondere ist: mit Freudigkeit. Sie hat die Gabe, alle Umstände wegdenken zu können und sich auf das allezeit große Wunder zu konzentrieren, daß ein Kindlein geboren wird.

Sie sieht eine Mutter und ein kleines Menschenkindchen. Sie vergegenwärtigt sich nicht, daß es verachtete Häftlinge sind, daß kein Vater sich daran erfreuen kann; daß gleich wieder die Mutter auf Appell stehen muß im grauen Morgenregen oder in der eisigen Nacht, wenn sie ihr Kindlein stillen sollte. Sie muß dann auf ihrem Stühlchen sitzen, rücklings an eine andere Gefangene gelehnt. Sobald das Kindlein es vernehmen kann, wird es die keifenden, heisern, schreienden Stimmen der überspannten Frauen hören.

Die kurze Zeit, wo die Mutter unter der Pflege der Hebamme sein wird, wird sie wie ein gewöhnlicher Mensch behandelt. Die Nahrung des Kindleins wird gut geregelt sein und die Mutter ist wohl versorgt. Die Geburt findet unter freundlicher, fachkundiger Leitung statt. Die ersten Töne des Neugeborenen werden genauso rührend klingen wie im Kinderzimmer eines freien Landes. Aber schnell ist die Mutter wieder eine Nummer, sie wird unbeweglich auf dem Appell stehen müssen, eine von den vielen Tausenden. Sie wird wieder in einem schmutzigen Bett schlafen müssen, aber nun mit ihrem Kindlein neben sich. «Schwangeren Nachkelle» wird nicht mehr für sie gerufen werden, der Zuschuß zum täglichen kargen Menu wird fehlen. Wenn Essen übrig ist, wird es unter die Schwangeren verteilt.

Die Hebamme hört kein Kreischen. Sie sieht keine grauen Baracken und keine schwarzen Straßen; sie merkt nicht, daß draußen im Schnee die erfrorenen Leichen derer liegen, die noch, ehe sie die Krankenbaracke erreichen konnten, ohnmächtig wurden. Sie sieht nicht die Frauen, die nackt und gefaßt auf die Untersuchung durch den Arzt warten. Die Hebamme sieht eine Mutter und ein Kindchen. Träumt sie von der Zeit, wenn die Befreiung kommt? Ich weiß es nicht. Sie arbeitet die schwierige Lebenslehre im Konzentrationslager auf ihre eigene Weise aus. Ich bewundere die Hebamme von Ravensbrück.

LONY

Unsere Baracke bietet eigentlich nur Raum für vierhundert Personen. Wir haben aber mit ungefähr 1400 darin gehaust. Aus vielen KZ's und Gefängnissen wurden stämtliche weibliche Häftlinge nach Ravensbrück evakuiert. Die «neuen Zugänge», wie die Neuangekommenen genannt werden, bieten ein trauriges Bild. Häufig barfuß, sterbenselend, der totalen Erschöpfung nahe, verzweifelt oder völlig apathisch, stehen sie in ihrer dünnen Bekleidung stundenlang vor der Quarantänebaracke. Unser Lager ist mehr als überfüllt. Der Vorteil dieser viel zu großen Zahl von Häftlingen ist der, daß die Aufsicht ungenügend ist und wir dadurch in der Lage sind, unbehelligt unsere täglichen Bibelstunden abzuhalten.

Evangelische und Katholiken aller Richtungen sind jetzt einmütig zusammen. Eins in der großen Not, aber auch eins in der Liebe zum Heiland. Im Himmel wird auch keine Trennung zwischen Katholiken und Protestanten sein. Diese wunderbare Einheit läßt uns hier auf Erden schon den Himmel vorausahnen.

Eines Tages kommen zwei neue Frauen in unsere Baracke. Eine von beiden ist die neue Aufseherin. Am Tage ihrer Ankunft schlägt sie eine der Häftlinge derart grausam, daß diese am Tage darauf in der Krankenbaracke stirbt. Die andere ist eine Stubenälteste, Lony. Sie trägt ständig einen Riemen bei sich und schlägt los, wo sie nur kann. Wir spüren sofort, daß diese beiden Frauen eine große Gefahr bedeuten und beschließen, eine Gebetskampagne zu beginnen, um uns vor jenen Scheusalen zu schützen.

Am Tage darauf komme ich zu dem verabredeten Platz im Saal und will Bibelstunde halten. Da wird mir zugeflüstert, daß Lony im Dunkel der letzten Bettenreihe hinter mir sitzt. Eine sagt: «Heute kann keine Bibelstunde stattfinden.» Mit einigen anderen bete ich um Schutz und um die rechten Worte. Der Herr sagt uns, daß wir ruhig fortfahren können. Dann bespreche ich eine Bibelstelle, und wir schließen mit einem Dankgebet und singen miteinander: «Befiehl du deine Wege». Plötzlich ertönt aus dem Dunkel eine Stimme: «Noch solch ein Lied!» Was heißt das? Hat dieses Lied zu ihrem Herzen gesprochen, oder ist es etwas anderes? Wir singen noch ein

Lied. Wieder ruft Lony: «Noch solch einen Psalm!» An jenem Tage singen wir mehr und länger als sonst. Der Herr hat unser Gebet erhört. Es ist jetzt nicht nur die Gefahr gewichen, daß Lony unsere Zusammenkünfte verhindert, sie wird sich vielmehr selbst daran beteiligen. Sie kann Holländisch verstehen, denn sie hat ein Verhältnis mit einem Holländer gehabt. Das ist auch der Grund, weshalb sie nun im KZ sitzt.

Am nächsten Tage will Betsie sie einladen und geht zu ihr hin. Lony steht am Ofen und denkt, daß Betsie sich wärmen möchte. Das ist aber einem Häftling nicht erlaubt, und sie ergreift ein Stück brennendes Holz, um Bep zu verscheuchen. «Ich komme nicht, um mich zu wärmen», sagt Betsie, «ich will Sie nur auffordern, an unserer Zusammenkunft teilzunehmen.» «Heute habe ich keine Zeit», sagt sie, wirft aber das Stück Brennholz in den Ofen.

Am Tage darauf lade ich sie selber ein. «Laß mich in Ruhe», schnauzt sie mich an. An diesem Abend habe ich ein langes Gespräch mit ihr. Es ist grauenvoll, was ich da zu hören bekomme. Daheim hat sie ein Bordell. Sie ist selbst vollkommen verlebt und heruntergekommen, und ihre Seele ist vergiftet und verdorben. Ich spreche zu ihr von der Liebe des Heilandes, davon, daß Er unsere Sünden tragen will und daß diejenigen, die in der Sünde verharren, verdammt sind. «Jetzt bist du ein Fluch für uns», sagte ich, «der Herr Jesus kann dich aber zu einem Segen werden lassen, wenn du dich Ihm ergibst und Ihm dein ganzes Herz schenkst.» «Ach», erwidert Lony, «das ist hier in Ravensbrück nicht möglich, hier ist die Hölle.»

«Ja, zu dieser furchtbaren Erkenntnis bin ich selber auch gekommen, aber weißt du wohl, daß hier, wo der Teufel freies Spiel hat, die entsetzliche Gefahr besteht, daß du deine Seele an ihn verlierst? Wenn es auch so aussieht, als ob der Teufel hier Alleinherrscher wäre, Jesus wird dennoch den Sieg davontragen. Er ist der große Sieger, und wenn du dich Ihm ergibst, dann bist du in Seinem Schutz. Sogar hier in Ravensbrück. Ich kann es wissen, denn trotz allem bin ich hier ruhig, ja, fast glücklich, weil ich Sein Kind bin, Lony, noch ist es Zeit, bekehre dich!» Sie läßt mich zwar ausreden, gibt aber keine Antwort mehr. In dieser Weise komme ich einige Male mit ihr in Kontakt. Ihre Haltung wird auch etwas menschlicher. Solange ich in Ravensbrück war, hat sie sich nicht bekehrt, aber ich weiß, daß Gottes Wort nicht ins Leere gesprochen werden kann. Dereinst in der Ewigkeit wird es offenbar werden, ob unsere Gespräche dennoch Früchte abgeworfen haben.

TOTENFEIER

Zwei niederländische Frauen aus Vught sind gestorben. Ich stehe am Eingang zum Schlafsaal und spreche in wenigen knappen Sätzen ein kurzes Gedenkwort. Auf einem der Betten liegt «die Schlange», unsere Stubenälteste. Solange ich rede, herrscht tiefe Stille. Auch die Polinnen, die häufig nicht verstehen, was ich sage, sind ruhig. Eine von ihnen, die ein wenig Holländisch versteht, hat den anderen mitgeteilt, daß wir eine Totenfeier halten, und nun schweigen alle respektvoll. Plötzlich kreischt «die Schlange» dazwischen und befiehlt, daß ich schweigen soll. Ich spreche unbeirrt weiter, ich weise auf den Mut und den Glauben der Verstorbenen hin und ermahne meine Zuhörerinnen, sich zu bekehren, jetzt, wo der Tod allstündlich seine Opfer fordert. Ich lege Zeugnis ab für den Heiland, den Erlöser, der den Tod besiegt. Jeder Nerv in mir ist gespannt. Solche Augenblicke lassen immer wieder blitzartig die Schwere unseres Leidens und die ständige Todesgefahr, in der wir schweben, erkennen.

Ich höre mich selber reden. Meine Stimme klingt ruhig, aber zwischendurch höre ich das hysterische Kreischen der «Schlange», die sich nicht beruhigen kann. Furcht habe ich nicht, aber deutlich fühle ich, wie sich hier zwei Welten begegnen. Es ist gerade, als ob sich dieser Kampf außerhalb meiner selbst abspielte.

Da fährt «die Schlange» vom Bett auf. Sie ergreift den Riemen und springt auf mich zu.

«Ich bitte Sie, der Toten eine Minute lang in ehererbietigem Schweigen gedenken zu wollen», höre ich mich sagen. Dann schließe ich die Augen und erwarte einen Peitschenhieb. Die Stille um mich hält aber an. Als ich zu meinem Bett zurückkehre, sitzt «die Schlange» auf ihrer Bettkante. Sie hält die Peitsche in der Hand und starrt vor sich hin.

FLECKTYPHUS

In der gegenüberliegenden Baracke ist Flecktyphus ausgebrochen. Hunderte von Menschen leben da über- und aneinander gepackt und dürfen nicht aus dem Schlafsaal heraus. In Reihen sitzen oder liegen sie, zwei oder drei zusammen in schmutzigen Betten von siebzig Zentimeter Breite. Sechs Wochen lang müssen sie so bleiben und kommen nie an die Luft. Flecktyphus ist gewöhnlich eine Krankheit mit schnellem Verlauf. In ein paar Tagen, manchmal in ein paar Stunden ist alles abgelaufen. Auf der Lagerstraße sehen wir manchmal plötzlich jemand niederfallen: tot. Flecktyphus.

Die Decken können jetzt auf der andern Seite nicht geklopft werden. Die Läuse, diese gefährlichen Bazillenträger, vermehren sich mit jeder Stunde. Zu den acht W.C. drängen sich mehr als vierzehnhundert Menschen. Die Kleider muß man unter dem Kran waschen und dann in den schmutzigen Betten trocknen, wo sie immer wieder aufs neue infiziert werden, bevor man sie wieder anzieht.

Werden noch Menschen herauskommen aus diesem Pfuhl von Ansteckung? Ich weiß, daß man nicht zurückschrecken wird vor drastischen Maßnahmen, wenn die Krankheit zunimmt. Massenmorde können nötig werden im Dienst der Volksgesundheit gemäß der nationalsozialistischen Einstellung.

Vor dem Fenster der Baracke sitzt eine schöne, junge Frau. Auf ihrem Schoß hat sie ihr kleines Büblein. Er spielt mit ihren langen Zöpfen. Über das Kerlchen hin starrt die Mutter in die Ferne.

FURCHTSAMKEIT

Frau Bruins wurde geschlagen, und sie hat sich bei dieser Gelegenheit verteidigt. Nun hat sie eine «Meldung». Sie wird beschuldigt, sie habe eine Aufseherin angefallen und überdies noch geschlagen! Ich habe der Szene beigewohnt, und nun fragt sie mich, ob ich mitgehen will, um den wahren Verlauf der Sache zu bezeugen. Sie kann kein Wort deutsch.

Ich kann fließend deutsch sprechen und gehe auch gleich mit ihr, aber in meinem Herzen ist Angst und Widerwillen. Nun soll ich sie verteidigen bei Menschen, in denen kein Rechtsgefühl ist und von denen sich welche täglich im Menschenquälen üben.

Ich werde nicht zugelassen. Sie muß allein hinein, und ich fühle mich erleichtert. Wie wenig mutig bin ich doch! Oft bemerke ich an mir diese Feigheit. Wenn ich tüchtig wäre, würde ich, ohne der Gefahr zu achten, in die Bresche springen, wenn andere unterdrückt werden. Ich würde verteidigen, ich würde sie überzeugen, ich würde - -. Dann würde ich oft Widerstand finden. Meistens glückt es doch nicht, aber wenn es auch nur einmal der Fall wäre, daß ich überzeugen und es gewinnen könnte, dann wäre das der Mühe und des Elends wert.

Aber ich bin nicht tapfer. Oft gleiche ich einem ängstlichen Vögelchen, das einen Zufluchtsort sucht. Wenn ich die schmutzigen Decken über mich hinziehe und meine Augen schließe, drücke ich mich an Betsie und weine leise, damit sie es nicht merkt. «Herr, ich bin so schwach und kleingläubig und feige; halte mich doch fest. Du bist doch Sieger! Laß mich durch den Glauben daran mutig und treu werden», bete ich.

Mut

Im Revier arbeitet eine mutige Frau. Ich erzähle ihr von einer innerlichen Untersuchung, welcher sich eine der Unseren hatte unterziehen müssen. Die Gummihandschuhe des Arztes wurden nicht desinfiziert zwischen dem Behandeln von verschiedenen Patienten. Vor ihr wurden zwei Patientinnen mit Geschlechtskrankheiten untersucht.

Sie, welcher ich diesen Vorfall erzähle, ist entrüstet, aber sie sagt nichts, als ich es ihr erzähle. Später höre ich, daß sie zum Arzt gegangen ist, um dagegen zu protestieren.

Er wollte nichts wissen, aber sie hielt aus und ließ auch bei andern ihren Protest hören, und zum Schluß siegte sie, und von nun an werden die Handschuhe nach Gebühr zwischen den Untersuchungen desinfiziert.

Sie selbst bekam große Schwierigkeiten und Gegenarbeit durch diese mutige Tat, aber davor fürchtete sie sich nicht. Sie ist eine Heldin.

HASS

«Sind alle Holländer so, so ruhig und beherrscht und so voll Haß?» fragt mich eine Russin.

Ich erschrecke. Ist unter uns so viel Haß? Ja, ich weiß, daß es eines der ärgsten Dinge ist, die der Feind uns angetan hat, daß er uns hassen lehrte. Ich untersuche mein Herz. Nein, damit habe ich keinen Kampf. Ich erfahre soviel zarte Liebe und Sorge vom Herrn, daß ich keine Versuchung zum Hassen habe. Seine Liebe erfüllt mein Herz, und wo Liebe ist, ist kein Haß.

Ich sehe die Fehler, die hier begangen werden, besser, und fühle sie heftiger als manche andere. Täglich erfahre ich es an meinem Leibe. Aber noch nie habe ich Jesus so kennengelernt wie jetzt als einen zärtlich liebenden Freund, der niemand im Stiche läßt und der nie einen Menschen, auch wenn er schlecht ist, von sich stößt, der immer hilft, die Sünde zu überwinden. Im Vordergrund meines Lebens ist nun Grausamkeit, Härte, graue Trübseligkeit und Finsternis; aber dahinter weiß und sehe ich den Heiland mit seinen ausgebreiteten Armen, strahlend von Licht und Liebe. Darum kann ich nicht hassen.

MENSCHENMENGE

Tausende von Frauen sind aufgestellt, Baracke bei Baracke. Frauen aus allen Ländern Europas, von jedem Rang und Stand und in jedem Alter. Die meisten sind politische Gefangene, aber es sind auch viele darunter, die wegen Mordes, Diebstahls oder anderer Verbrechen verurteilt sind. Sie haben alle ihr Haus, ihre Familie, ihre Arbeit zurückgelassen und sind hier Sklaven. Die Mehrzahl hat sich scheinbar dem Geschick ergeben; es ist eine stumpfe Ruhe auf den Gesichtern zu lesen.

Wenn die Uhle gebrüllt hat, stellen sich alle für das Werkkommando auf. Dann scheint es, als ob noch Tausende hinzugekommen seien. Als ich probierte, gegen den Strom zu laufen, kommt diese Menge mir vor wie eine Macht, gegen die ich nichts vermag. Überall Gefangene, gestreifte Röcke, Kappen. Gab es je eine solche massenhafte Anhäufung von Elenden?

Ich flüchte in unsere eigene Baracke. Auch da sind wir auf unserm Bett noch nicht wirklich allein. Links und rechts, vor, hinter und über uns, überall Gefangene. Doch ist es hier viel besser. Um mich her sind viele Freunde. Ich kenne ihren Schmerz viel intensiver als das Leid der Tausende da draußen, aber ich kann hier eine Botschaft des Trostes bringen. Ich darf ab und zu sehen, wie sich ein bekümmertes Gesicht beim Besprechen des Evangeliums erheitert.

Ich denke an meine Zelle in Scheveningen. Verlangt mich dorthin zurück? Ich weiß es nicht. Ich möchte wohl, wenn auch nur für ein paar Stunden, allein sein. Betsie sagt eines Tages zu mir: «Ich fange an, diese Menge zu lieben.»

Wird sie reif für den Himmel? Es strahlt so ein Friede aus ihrem Gesicht, daß manche getröstet werden, wenn sie sie ansehen.

Das Verirrte

Über uns liegt ein Teil der «Stoßtruppe», die Huren. Einige von ihnen sind schwanger. Sie werden vorzugsweise ausgesucht, um Tischälteste zu sein, d. h. daß sie für vierzig Menschen die Nahrung, ausgenommen die Suppe, in Empfang nehmen und verteilen müssen. Manche von ihnen sind unglaublich schmutzig. Unser Brot, Wurst und Butter nehmen sie meistens mit auf ihr Bett und auf die schmutzigen Decken, und da verteilen sie es.

Einmal in der Woche bekommen wir Wurst und Butter. Beim Erwachen dieses Morgens ist dann mein erster Gedanke: «O fein, heute bekomme ich Wurst.» Es ist ja nur eine halbe Schnitte, aber sie ist schmackhaft, und wir verteilen sie sehr sparsam auf viel Brot.

Wenn ich die Bibelbesprechung halte, hört die «Stoßtruppe» in gewissem Abstand oft zu. Sie schämen sich, sich zu uns zu setzen. Ich lade oft genug ein, ohne Erfolg. Dann probiere ich, persönlichen Kontakt zu bekommen. Ich spreche mit verschiedenen. Das Elend weckt in vielen ein Verlangen nach Lebenserneuerung.

«Wenn ich wieder in Holland sein werde, will ich ein neues Leben beginnen», sagen einige. Wir sprechen über Jesus, der die Sünder liebt und der auch ihre Sünden am Kreuz trug und der ihnen helfen will auf dem Wege zur Besserung. Aber wir sagen auch, daß Bekehrung, echte Bekehrung nötig ist. «Halbheit genügt nicht.» Das begreifen sie auch gut. Aber es ist ein großer Schritt für sie, ein Sprung ins Ungewisse, und davor schrecken viele zurück.

Drei von diesen jungen Frauen kommen in den Strafblock. Sie haben Juwelen und Uhren von Juden genommen, die ins Lager kamen und denen es geglückt war, es ihnen in die Hände zu spielen, bevor sie alles abgeben mußten.

Der Kontakt zwischen ihnen und uns besteht nun bloß noch aus einem kurzen Gespräch des Nachts beim Appell. Direkt vor dem Strafblock steht unsere Baracke angetreten. Wie Tiere in einem Käfig, so stehen die Mädchen hinter den Gittern.

«Tante Betsie, bist du da?» Betsie antwortet: «Jawohl, hier bin ich; wie geht es euch?» «Schlecht, wir müssen so hart arbeiten. Es ist hier schrecklich; wir haben so Heimweh. Wären wir doch wieder bei euch in der Baracke, das wäre für uns ein guter Ausweg.» — «Der Herr Jesus ist überall. Auch bei euch. Du weißt, was Er von dir erwartet.» Eine Lagerpolizei macht unserm Gespräch ein Ende. Sie jagt die Mädchen von der Umzäunung weg.

Wie herrlich ist es, mit diesen Entwurzelten Kontakt zu bekommen! Ich trachte, bei den Neubekehrten Interesse für sie zu erwecken. Aber ich stoße hier auf einen Mangel an Liebe und Barmherzigkeit für Mitsünder, den ich schon früher bemerkt hatte.

Wir politischen Gefangenen sind alle im Straflager, weil wir Gutes getan haben. Wir werden unschuldig unterdrückt. Da droht jedoch die Gefahr, daß wir uns selbst für gute Menschen halten. Es ist wahr, für unser Vaterland und unsere Mitmenschen haben wir nicht Böses, sondern nur Gutes getan. Darum kamen wir hierher. Aber Sünder sind auch wir. Indem wir uns beugen vor Gottes allumfassenden Gesetzen, kommt es uns voll und ganz zum Bewußtsein. Durch Gnade, durch Vergebung der Sünden kommen wir dazu. Für mich ist das vollkommen deutlich. Aber ich bemerke, daß hierüber bei vielen Mitgefangenen große Unkenntnis herrscht. Die Verantwortlichkeit fühle ich als ein schweres Gewicht. Ich tröste mich mit dem Gedanken, daß Gottes Geist hier einen Ausweg schafft. Er überzeugt die Welt von Sünde, Gerechtigkeit und Gericht. Ich darf in Abhängigkeit von Ihm arbeiten, und Gottes Königreich kommt, trotz unserer mangelhaften Arbeit. Gottes Kraft wird in Schwachheit vollbracht.

Mitten im Gedränge

In der «Stube», dem Raum vor dem Schlafsaal, drängen sich Hunderte von Menschen zu gewissen Stunden des Tages. Das Essen wird da gebracht und geholt. Jeder, der hinaus will, muß durch diesen Raum. Zu den Verkehrsstunden ist ein Gedränge vieler, die gegeneinander laufen. Glücklicherweise ist die Stimmung in unserer Baracke noch ziemlich gut. Wir versuchen, uns aneinander vorbeizuschieben, ohne uns zu stoßen. Trotzdem kommen wir in zu enge Berührung miteinander; denn nachdem wir uns den Durchweg gebahnt haben, laufen oft Läuse auf unsern Kleidern. Holländer aus andern Baracken kommen darum nicht gerne nach Baracke 28. Es ist mir immer unangenehm, dort vorbeigehen zu müssen. Oft steigt in solchen Augenblicken Heimweh in meinem Herzen auf.

Eines Tages probiere ich wieder, durch das Gedränge zu kommen. Eben ist ein Arbeitskommando angekommen; sie müssen nachessen und drängen sich darum um die «Kübel», in denen die Suppe ist. Die Kübel sind eigentlich prächtige Speiseeimer und wirken wie Thermosflaschen; das Essen wird darin so gut bewahrt, daß es kochend bleibt. Die Frauen, die Brot geholt haben, kommen auch gerade wieder zurück, eine lange Reihe. Jede hat einen hohen Stapel breiter, schwarzer Brote im Arm. Sie werden gegen die Mauer aufgestapelt. In einem Winkel steht auf einem Tisch ein kleiner Vorrat Medizin. Eine Schwester sitzt dabei und läßt eine traurige Parade an sich vorbeigehen. Sie hat eine größere Praxis als mancher Stadtarzt. Kranke Menschen sind in einer Reihe aufgestellt. Sie haben ihre Verbände weggetan, und ich sehe abscheuliche Wunden. Freundlich hilft die Schwester. Sie ist eine Holländerin und hat ein wohlwollendes Äußeres. Heute sieht sie müde aus. Es ist auch ein furchtbares Elend, das an ihr vorbeigeht.

Einigen gibt sie selbstgemachte Norit, Holzkohle, selbst gebrannt und zerstampft. Auf dem Ofen steht eine große Pfanne mit einer Art Tee, den sie unter die schwersten Darmkranken austeilt. Der Raum ist groß, aber mehr als die Hälfte davon nehmen die Betten ein, die bis zur Decke aufgebaut sind. Darauf sitzen und liegen Frauen. Einige stricken; die meisten starren vor sich hin. Ob sie wohl unter der Unruhe in ihrer Umgebung leiden? Wie arg ist es, so mitten im Gedränge leben zu müssen!

Ich schiebe mich vorsichtig zwischen den Menschen durch. Eine junge Frau prallt gegen mich. Ich kenne sie und frage: «Wie geht es dir?» Wir stehen uns direkt gegenüber und schauen uns an. Welche Verzweiflung können Augen ausdrücken! «Anny, schau nicht so drein! Ist es so schlimm mit dir?» – «Ich halte es nicht mehr aus; wenn ich noch eine Woche in dieser Hölle sein muß, dann bin ich kaputt.» Und doch wird sie bleiben müssen. Gott fragt nicht, was ein Mensch kann oder tragen will. Ich ergreife ihre Hand und beginne ein Gespräch.

«Du brauchst nicht zu verzweifeln, Anny, Jesus ist Sieger, wenn du es auch nicht sehen kannst. Wenn du Sein Eigentum bist, bekommst du Kraft, alles zu tragen. Er läßt dich die Dinge im Licht von oben sehen, und dann wirst du stark.»

«Aber was kann ich tun?» – «Übergib dich Ihm; siehst du nicht, daß Er mit ausgebreiteten Armen vor dir steht, und hörst du nicht, daß Er sagt: Komm zu Mir?» – «Ich möchte wohl; aber ich kann nicht beten; tue du es!» Und dann beten wir. Wir halten uns an den Händen fest, wir haben die Augen geöffnet. Niemand, der uns so stehen sieht, kann sehen, daß wir beten. Um uns drängen und schieben sich Hunderte von Menschen.

Als Anny weitergeht, ist ein Ausdruck von Frieden auf ihrem Gesicht. Der Herr hat unser Gebet erhört.

Verheissung

Nachts, wenn wir zum Appellplatz gehen, beten Betsie und ich zusammen. Gott ist bei uns auf diesem kurzen Gang. Um uns herum stehen die Baracken, dunkel und drohend. Lange

Reihen Häftlinge stellen sich auf. Über uns blitzen die Sterne. Wir sprechen und horchen auf die Antwort Gottes. Wie herrlich wird es im Himmel sein! Jetzt irren sich unsere sündigen Ohren manchmal. Wie oft werden wir hier irregeführt und können nicht entscheiden, ob wir recht hören oder ob wir uns täuschen. Und trotzdem ist dieses Lauschen auf die Antwort Gottes so trostvoll und beruhigend. Heute schenkt Gott mir die Verheißung: «Bevor die große Kälte einsetzt, wirst du errettet werden.»

Als ich einmal vor Wochen darum gefleht habe, daß es nicht kalt werden möchte, da hat Er mich gefragt: «Wenn ich dieses Opfer von dir verlange, wirst du es dann nicht willig bringen?» Ich habe solche Angst vor Kälte. Ich habe damals um Kraft gebeten, auch dieses auf mich nehmen zu können, und jetzt wird mir diese wunderbare Verheißung zuteil. Später in der Bibelstunde tröste ich die anderen damit: «Ehe die große Kälte kommt, wird Gott uns erlösen.»

Aber ich habe mich geirrt: Erst im kommenden Frühling wird die große Befreiung für alle Gefangenen kommen. Die Verheißung war für mich persönlich bestimmt.

NACH DER HEIMAT IM HIMMEL

Betsie ist jetzt schwer krank. Ihre Bewegungen sind sonderbar träge und ihre Sprache langsam. In wenigen Tagen ist sie völlig abgemagert. Es sind Symptome, die mich erschrecken, da ich sie kenne von den um mich herum lebenden Frauen. Dieser Zustand endet mit dem Tod. Wie ich Betsie helfe, ihre Schuhe anzuziehen, und wir zum Appell gehen wollen, merke ich, daß ihre Beine gelähmt sind. Ich gehe zur Blockältesten und bitte darum, daß Betsie zurückbleiben dürfe, aber die Antwort lautet: «Der Kommandant hat bestimmt, daß auch Sterbende zum Appell gehen müssen.» Zusammen mit Mien trage ich Betsie nun durch die finstere Nacht, und ich stütze sie, als sie auf einem Hocker in den hinteren Reihen sitzt. Wird Betsie sterben müssen? Ich rede mit ihr darüber, aber sie sagt voller Hoffnung: «Davon kann keine Rede sein; wir gehen beide nach Holland zurück und werden noch vielen Menschen eine

Hilfe sein können.» Betsie fürchtet den Tod nicht. Sie spricht immer vom Himmel, als ob sie schon dort gewesen wäre. Sie weiß sich geborgen in Gottes Schutz. Später am Tage sehe ich, daß ihr Gesicht sich verändert hat. Sie ist jetzt todkrank. Es ist schwer, sie auf der schmalen Matratze, die sie mit mir teilen muß, zu pflegen. Die Unsauberkeit ist quälender als je, aber ich glaube nicht, daß Betsie selbst jetzt sehr darunter leidet. Ich versuche, ihre Hände und Füße zu wärmen, merke aber, daß nicht Betsie wärmer wird, sondern vielmehr ich selbst immer kälter werde. Könnte ich ihr nur etwas Warmes zu trinken geben.

Nie habe ich unsere Dürftigkeit und unser Elend so tief empfunden wie jetzt.

Am nächsten Morgen tragen wir sie wieder aus dem Saal hinaus. Jetzt aber kommt Lony uns entgegen. «Das ist zu schlimm», sagt sie, «legt sie nur hier aufs Bett. Nach dem Appell bringen wir sie ins Krankenhaus.» Sie sorgt tatsächlich für eine Krankenbahre. Als wir Betsie darauf gelegt haben, kommt eine junge Polin vorbei. Sie sieht uns und kniet an der Bahre nieder, schlägt ein Kreuz und betet. Dann geht sie mit Tränen in den Augen weiter. Es ist der Abschied aller polnischen Frauen von Betsie, die so viel für sie gewesen ist. Dann zieht der traurige Zug zur Krankenbaracke.

Nachmittags besuche ich sie im Krankensaal. Sie ist voll guten Muts und versichert mir nochmals, daß sie fest überzeugt ist, mit mir zusammen nach Holland zurückkehren zu können. «Wir gehen beide zusammen nach Hause zurück», sagt sie, und als ich von einer Schwester fortgeschickt werde, ruft sie noch als letzten Gruck: «Denke daran, wir beide zusammen!» Am nächsten Morgen gehe ich nach dem Appell an der Krankenbaracke, in der Betsie liegt, vorüber. Ich bin nicht beunruhigt über ihren Zustand. Sie selbst war so sicher, daß sie gesund werden würde, daß ich voller Hoffnung durchs Fenster hineinschaue. Gleich neben dem Fenster steht ihr Bett.

Da sehe ich, wie zwei Schwestern eine in ein Laken gehüllte Gestalt vom Bett heben. Jede der beiden hat je zwei Lakenzipfel ergriffen. Betsie ist zum Skelett abgemagert. «Sie ist tot», schluchze ich.

Eine große Einsamkeit senkt sich in mein Herz. Allein, allein in Ravensbrück. Nie mehr die herrlichen, aufmunternden

Gespräche, nicht mehr der feste, kindliche Glaube, der mir so geholfen und mich ermutigt hat.

Dann mit einem Male kommt die große Ruhe über mich. Ich fühle mich innerlich fast glücklich, und ich kann die Worte finden: «Der Herr hat gegeben, der Herr hat genommen, der Name des Herrn sei gelobt.» Ist es Gottes Geist, der aus mir spricht?

Ich gehe in den Waschraum, in den die Toten gebracht werden. Dort sehe ich elf Leichen liegen. Diejenigen, die sich waschen wollen, müssen über die Toten hinwegsteigen. Ehrfurcht vor dem Tode kennt das Regime nicht. Ich ergreife die Flucht. Aber wenig später kehre ich zurück, und dann sehe ich Betsies Anlitz: friedevoll, glücklich wie ein Kind. Wie jung sieht sie aus! Es ist ein Stück vom Himmel inmitten der uns umringenden Hölle. Ich sehe Betsies Glück und weiß, wie befreit sie jetzt aufatmen kann, und eine tiefe Freude erfüllt mein Herz. Diese Freude ist bleibend und übertönt den großen Schmerz, den der Verlust auslöst.

An jenem Tage halte ich einen kurzen Trauergottesdienst und wähle als Text 1. Korinther 15. Wie haben die Menschen, zu denen ich spreche, Betsie geliebt! Wie groß ist der Schmerz für uns alle! Lily aus dem Krankenhaus versucht, zu mir zu kommen, sie darf aber nicht herein. Jetzt kommt sie ans Fenster, und als ich ihre Augen sehe, muß ich an ein verwundetes Tier denken. Wie düster und schwer können die Tage sein. Es tobt ein Kampf zwischen Licht und Finsternis. Wird die Freude über Betsies Erlösung oder der Kummer über den Verlust den Sieg davontragen?

MARUSHA

Als ich mich abends zu Bett lege, sehe ich, daß eine russische Frau vergeblich nach einer Schlafstelle sucht. Überall wird sie unfreundlich abgewiesen. Sie hat einen unsteten Blick wie ein gehetztes Tier. Wie furchtbar: in Haft zu sein und keinen Platz zum Schlafen zu finden. Betsies Platz ist noch leer. Ich winke der Frau und schlage die Decke auf. Dankbar kommt sie auf mich zu und legt sich neben mich. Sie sieht sauber und gepflegt aus. Wie sie ihren Kopf so nah an dem meinen aufs Kissen legt, drängt es mich, mit ihr zu reden, aber ich bin der russischen Sprache nicht mächtig. Dann aber sage ich: «Jesus Christus?» Sofort schlägt sie ein Kreuz, legt ihren Arm um mich und küßt mich.

Meine geliebte Schwester, mit der ich 52 Jahre lang Freud und Leid geteilt habe, ist von mir gegangen. Aber eine andere braucht jetzt meine Liebe, und viele werden meine Schwestern und Brüder in Christus sein. Will Gott mich veranlassen, jenen anderen meine Liebe und Fürsorge zu widmen, die Betsie und der geliebte Vater jetzt nicht mehr nötig haben?

EINE, DIE BEIM APPELL FEHLTE

Am Tag nach Betsies Heimgang bekommen wir Strafappell. Eine von den Vierzehnhundert aus unserer Baracke fehlte beim Appell. Es ist Sonntagmorgen. Von halb sechs bis zwölf Uhr müssen wir stehen. Es ist kalt, aber der Sonnenaufgang ist prächtig. Die schöne Luft taucht die Umgebung in Farben; die Stimmung ist gehoben. Wir machen einander auf den schönen Morgen aufmerksam; aber meine Füße und Beine werden beängstigend dick. Bei allem Schweren, das ich nun erlebe, fühle ich im Hintergrund den Trost von Betsies Herrlichkeit. Sie braucht nicht mehr auf Appell zu stehen, man kann sie nicht mehr strafen.

Es wird gezählt und noch einmal gezählt, dann durchgestrichen in dem Buch der Aufseherin. Und dann finden sie den Namen der Fehlenden. So kommt die Person, die die Ursache unserer gemeinsamen Strafe ist, ans Licht. Es ist eine kleine polnische Frau; sie liegt tot auf ihrem Bett. Für eine Verstorbene mußten wir Strafe stehen. Fünf der Unsern, auch ich, werden nach diesem Appell krank. Was es ist, weiß ich nicht. Wir magern schnell ab. Es ist fast täglich zu spüren. Innerhalb von zehn Tagen sterben vier von uns.

Zwei Tage nach dem Strafappell, drei Tage nach Betsies Tod, werde ich herausgerufen während des Morgen-Appells: «Entlassen.»

Von vorn ruft ein Mädchen aus dem Strafblock: «Wie geht es Ihnen, Tante Kees?» Gestern rief sie: «Tante Bep, bist du da?» Da antwortete eine: «Tante Bep ist gestern gestorben.» Da hörten wir sie schluchzen. Betsie war von den dreien, die hinter den Gittern stehen, so geliebt. Nun antworte ich: «Es geht mir gut. Ich bin sehr getröstet und sehr dankbar, daß Tante Bep nun wirklich zu Hause im Himmel ist. Wie geht es euch?»

«Gut, wir haben uns alle drei bekehrt.»

Wie ist das herrlich! Ich überschätze einen solchen Ausspruch nicht; aber es ist doch schon sehr viel. Es ist ein neuer Anfang. Es wird noch Kampf geben; aber Jesus ist Sieger.

«O Gott, wirke weiter durch Deinen Geist und laß es nicht bei einem Gefühlsmoment bleiben», bete ich.

Entlassen

«Ten Boom, Cornelia», höre ich rufen. Gleichgültig, ja apathisch gehe ich nach vorne. Immer gibt es irgendeine unbekannte Gefahr oder eine Drohung: Was wird jetzt wieder los sein? Eins ist sicher: Betsie wird sich nicht mehr darüber zu grämen brauchen.

Ich muß mich in die Ecke neben Nr. 1 stellen. So kann ich einen großen Teil der Lagerstraße übersehen. Überall stehen große Gruppen von Frauen. Die Schweinwerfer beleuchten uns, und wir bilden gespenstische Schatten auf der verschneiten Erde.

Als das Alarmsignal am Schluß des Appells ertönt, nimmt mich die Blockälteste beim Arm. Sie ist jetzt ungewöhnlich freundlich. Ich kenne sie bisher nur als eine steinharte Frau mit kalten, grausamen Augen und militärischer Haltung. Sie fragt mich, wie lange ich schon in Haft bin. Dann führt sie mich zum Vorplatz, wo noch weitere deutsche und holländische Häftlinge dazukommen. Wir sollen uns bei der «politischen Abteilung» melden. Dort wird uns mitgeteilt, daß wir entlassen sind!

«Das werden schöne Weihnachten für Sie», sagt eine Lagerpolizistin, und in ihre Freude für mich mischt sich ein klein wenig Neid.

«Nun ja, Sie werden sowieso nicht in Ihre Heimat kommen: Die Niederlande sind befreit, und Sie können nicht über die Landesgrenze», meint eine andere.

«Entlassen!» Zuerst aber müssen wir noch die Nacktparade vor dem diensthabenden Lagerarzt über uns ergehen lassen.

Welche Erniedrigung! Meine geschwollenen Füße verdanke ich dem Strafappell vom Tage zuvor. Aber die Häftlinge sind gesund zu entlassen. Ich werde beim Verlassen des Lagers ein Schriftstück unterschreiben müssen, daß ich niemals krank gewesen bin und mir nie ein Unfall zugestoßen ist. Ich werde jetzt in die Krankenbaracke eingewiesen, wo ich gesundgepflegt werden soll.

IN DER KRANKENBARACKE

Mittags muß ich in die Krankenbaracke. Nachdem ich hineingelassen worden bin, muß ich in der «Stube» warten. Es ist ein Raum mit einem großen Tisch gegen das Fenster. Auf allen Seiten stehen zweistöckige Betten mit Schwerkranken.

Auf dem Tisch liegt eine Patientin. Ein Arzt und vier Schwestern sind mit ihr beschäftigt. Sie leidet entsetzlich und schreit grauenhaft.

Aus dem Saal kommt eine Frau, die kaum laufen kann. Sie hat nur ein Hemd an. Sie ist mager wie ein Gerippe. Ihre bloßen Beine und Füße schwanken, und sie fleht um Hilfe; aber eine ruft ihr zu, daß sie ganz gut laufen könne. Ihr mageres Gesicht drückt eine unsagbare Angst aus. Ihre Augen sind nervös. Ihre Skeletthände greifen nach dem Tisch.

Bin ich in die Hölle gekommen? Meine Augen werden von dieser schrecklichen Szene sozusagen festgebannt. Das durchdringende Schreien von der Frau auf dem Tisch schneidet durch meine Seele. Ich probiere, meine Augen und Ohren zu schließen, aber es gelingt mir nicht. Ist alles ein böser Angsttraum?

Dann schaue ich nach den vielen Kranken, die in den Betten rundum liegen und das alles mitmachen müssen. Ich sehe einige, die durch ihre eigenen Schmerzen ganz in Anspruch genommen sind; andere haben den Ausdruck von abgestumpfter Gleichgültigkeit, die auf vielen Gesichtern in Ravensbrück zu lesen ist. Bei andern sehe ich Härte und eisige Kälte. Ich weiß, daß das die gefährlichste Ansteckung im Konzentrationslager ist, der Egoismus, der die Menschen vollkommen beherrscht.

«Auch hier kommt einmal ein Ende», sage ich zu mir selbst. Es ist der Trost, den ich mir selbst einrede, wenn es dunkel in mir ist. Es hilft wohl ein bißchen, aber es gibt mir nicht die

Tragkraft, die ich nötig habe. «Du wirst meine Seele in der Hölle nicht verlassen», flüstere ich. «Heiland, unsere Schmerzen hast Du getragen.»

Eine Frau mit einem bösen Gesicht gebietet mir, ihr zu folgen; es ist meine neue Stubenälteste. Ich bekomme ein Bett zwischen acht andern Lagerentlassenen angewiesen. Manche sind schon zwei Monate hier. Sie warten, bis ein Arzt sie zum Austritt tauglich erklärt. Wie lange werde ich noch warten müssen?

Ich habe wohl Geduld gelernt, aber es ist doch sehr schwer. Ich liege in meinem hohen, schmalen Bett neben einer Krätze-Patientin. Rund um mich sind deutsche Frauen, alle gestraft, weil sie mit Ausländern Liebesverhältnisse angeknüpft hatten.

Die Frauen und Mädchen um mich her sind schreckliche Wesen. Im Saal liegen viele verstümmelte Menschen, die aus einem bombardierten Zug hierher gebracht wurden. Dann wieder viele, die eine schwere Operation durchgemacht haben. Es wird entsetzlich gelitten. Wenn eine wimmert, äfft eine andere Lagerentlassene sie nach. Viele sind unsäglich grausam und gemein. Ihre heiseren Stimmen schimpfen den ganzen Tag.

Die erste Nacht werde ich geweckt durch den Ruf «Schieber». Ich kenne das Wort nicht und begreife erst später, daß es «Bettschüssel» bedeutet. Die Schwerkranken und Verwundeten rufen danach, weil es ihnen nicht möglich ist, aufzustehen und nach dem eiskalten W. C. zu gehen. Wohl liegen die Schwerkranken unten, aber doch auch einige auf den oberen Betten.

Einige versuchen selber herauszuklettern und fallen dann von den hohen Betten herunter. Vielleicht schon sterbend, aber in jedem Fall total geschwächt, können sie sich nicht genügend festhalten. Auf diese Weise fallen in dieser Nacht drei zu Tode.

Die zweite Nacht, die ich in dieser Hölle zubringe, beschließe ich, die «Schieberfron» auf mich zu nehmen. Da sehe ich das Leiden von sehr nahe. Ich helfe einer Frau, die vornüber liegt. Rücken und Beine sind angeschossen. Ich ziehe sie vorsichtig hoch. Als ich freundlich ermutigend helfe, fragt sie: «Wer sind Sie? Sie sind ein guter Mensch, hier sind sonst nur böse Menschen; woher kommen Sie?» Nur weil ich normal-menschlich mit ihr umgehe, bin ich eine Ausnahme. Manchmal denke ich, die Patienten liegen in Gipsverband. Später merke ich, daß es ausgemergelte Leiber sind, Haut über Knochen gespannt, was sich so hart anfühlt. Während ich helfe, erzähle ich ihnen von Jesus; jede Nacht etwas.

Gegenüber meinem Bett liegen unten zwei ungarische Wahrsagerinnen. Sie sind furchtbar schmutzig und bösartig. Eine hat einen vollkommen verfaulten Fuß. Den streckt sie manchmal aus dem Bett, als wolle sie in ihrer Bosheit andere damit absichtlich infizieren. In der Hand hält sie einen schmutzigen Verband, den sie vom Fuß abgenommen hat.

Eines Nachts sind die Bettschüsseln weg. Sie und andere haben sie versteckt, um sie für sich zu gebrauchen, damit sie nicht nach dem eiskalten W. C. zu gehen brauchen. Ich flehe sie an, zu bedenken, daß, wenn sie sie nicht zurückgeben, man den Schwerkranken nicht helfen kann. Aber niemand entspricht meiner Bitte.

Mitten in der Nacht entdeckt ein französisches Mädchen, daß die Ungarin die Schüsseln unter ihre Decken versteckt hat. Ich ziehe sie hervor, und gleich liege ich wieder im Bett.

Auf einmal ruft die Französin um Hilfe: Die Ungarin hat den schmutzigen Verband auf ihr Gesicht geworfen aus Rache, daß sie sie verschwatzt hat, wegen des «Schiebers». Und dann tut sie dasselbe mit mir. Im Dunkeln sehe ich ihre schmutzige Hand über mir. Ich schüttele den Verband von mir ab auf den Boden und gehe schnell mich waschen.

Als ich wieder auf dem Bett liege, überfällt mich ein Gefühl von großem Ekel und Angst. Ich fühle mich so machtlos inmitten von soviel Schlechtigkeit und Gefahr von Ansteckung. Bald darauf aber schlafe ich ruhig ein. Rund um mich bleiben die Gefahren; aber ich weiß mich geborgen in Jesu Armen.

ULI

Im Bett am Fenster, dem meinen schräg gegenüber, liegt ein schwachsinniges Mädchen. Sie hat eine süße Stimme. Sie ist fünfzehn Jahre alt, alle ihre Lebensäußerungen sind aber die eines achtjährigen Kindes. Sie ist völlig abgemagert, hat aber ein liebes Gesicht, wunderschöne Augen und prachtvolles, welliges Haar. Sie kann so rührend nach ihrer Mutter fragen.

Als ich sie nachts zuerst sah, war ich erschrocken. Sie hatte ihren — aus Klosettpapier bestehenden — Wundverband abgemacht, und der Mond beschien ihren skelettartig abgemagerten kindlichen Körper. Sie ist am Rücken operiert worden. Dann rede ich leise mit ihr. Und jede Nacht erzähle ich ihr etwas vom Heiland. In der letzten Nacht habe ich sie gefragt, was sie davon behalten hat, und nun spricht sie leise mit ihrer rührenden Stimmme: «Der Herr Jesus hat Uli lieb und hat am Kreuz ihre Strafe getragen. Jetzt darf Uli in den Himmel kommen, und Jesus ist jetzt dabei, ein Häuschen für Uli zu bauen.» «Wie sieht es da aus, in dem himmlichsen Häuschen?» «Es ist dort sehr schön. Es gibt keine bösen Menschen wie hier in Ravensbrück. Es gibt nur gute Menschen und Engel, und Uli wird Jesus dort sehen.» «Was wirst du tun, wenn du Schmerzen hast?» «Dann werde ich Jesus bitten, mir Kraft zu geben, und daran denken, wie Jesus selbst hat leiden müssen, um Uli den Weg nach dem Himmel zu zeigen.»

«Wollen wir Ihm jetzt zusammen danken für alles, was Er für dich und mich getan hat?» Uli faltet die Hände, und zusammen sprechen wir ein kurzes Dankgebet. Nun weiß ich, warum ich diese Woche in der furchtbaren Baracke 9 habe zubringen müssen.

In der Nacht, die auf den Tag meiner Entlassung folgt, gehe ich durch den Korridor des Krankenhauses. Keine schrecklichen Appelle mehr, wenn es kalt ist. Noch eine Woche Krankenhaus, und dann werde ich endgültig frei sein. Ich sehe, daß die Fenster zugefroren sind, und auf dem Wasser im Eimer liegt eine Eisschicht. Es ist die erste Nacht, wo es grimmig kalt ist: 18 Grad Kälte!

Am Morgen höre ich von meinem Bett aus das Getrappel unzähliger Füße: Die Häftlinge müssen wieder anderthalb Stunden im eisigen Wind draußen stehen und versuchen, sich durch ständiges Treten ein wenig Wärme zu erhalten. Mich aber hat Gott, acht Stunden bevor die große Kälte einsetzte, vor jener entsetzlichen Qual bewahrt. Die Verheißung ist Wirklichkeit geworden.

BÜRGERRECHTE

In der Behandlung der Holländer ist eine auffallende Verbesserung eingetreten. Aus der schmutzigsten Baracke, wo sie mit den Polinnen hausen mußten, sind sie in die sauberste Baracke gebracht worden, die sie mit den deutschen Frauen teilen. Die Polinnen waren größtenteils Marktfrauen aus Warschau. Eine polnische Dame erzählte mir, daß es die ärmlichsten und dreckigsten Leute aus ganz Polen sind. Sämtliche Holländer werden entlaust und unter Aufsicht einer menschlicheren Blockältesten gestellt. Diese läßt sie nicht eher zum Appell hinausgehen, als bis es unbedingt an der Zeit ist. Das bedeutet fast eine Stunde Unterschied beim Draußenstehen. Was mag der Grund sein für diese plötzlichen Veränderungen? Wir erfahren, daß auch die Männer besser behandelt werden. Mit großer Entschiedenheit wird nun behauptet, daß alle Niederländer, die nach Amerikas Eintritt in den Krieg als politische Häftlinge ins Lager gebracht worden sind, die amerikanischen Ehrenbürgerrechte erhalten haben. Sie werden als Mitkämpfer Amerikas betrachtet. Selbstverständlich freuen wir uns darüber und erhoffen davon bessere Behandlung und schnellere Entlassung für alle. Ich erzähle es einem sterbenden jungen Mädchen. «Ich finde es viel wichtiger, daß wir durch Christus die Bürgerrechte im Himmel erhalten haben», sagt sie...

FÜR TAUGLICH BEFUNDEN

Den folgenden Morgen muß ich zur Untersuchung ins Hauptkrankenhaus.

Ich werde für tauglich befunden und weiß nun, daß ich wirklich frei werde. Als ich aus der Baracke komme, sehe ich mich um. Ist es wirklich zum letzten Mal, daß ich diesen finsteren Ort sehe? Dieses schwarze und graue Elend? Im Schnee liegt eine junge, tote Frau. Ihre fein geformten, kleinen Hände sind wie zum Gebet gefaltet. Ihre Knie sind heraufgezogen, als ob sie Schmerzen gelitten habe in den letzten Augenblicken. Ihr liebes Gesicht, weiß wie der Schnee, auf dem sie liegt, ist friedlich. Ihre dunklen, welligen Haare liegen wie ein

Kranz um ihren Kopf und stechen scharf ab gegen den Schnee. Sie ist elegant gekleidet.

Was ist Ihre Geschichte? Ich weiß es nicht. Nur etwas von ihrem Ende weiß icht. Sie war krank und fiel ohnmächtig nieder, bevor sie ins Krankenhaus eintreten konnte. So liegen gegenwärtig viele Toten vor dem Revier. Einmal war sie glücklich, wohl versorgt, umgeben von Liebe. Da schlugen die Wellen des Regimes gegen sie los und trugen sie hierher.

Im schwarzen Lager starb die weiße Blume.

In der Freiheit

Im Bekleidungsraum helfen uns freundliche Häftlinge. Wir sind unser zwei Holländerinnen. Ich kenne meine Gefährtin nicht. Es ist eine junge Frau, Claire Prins. Sie ist krank, aber glücklicherweise läßt man sie trotzdem frei. Zusammen mit uns gehen noch acht deutsche Frauen und Mädchen weg. Wir werden recht gut mit Kleidern versehen. Als ich fertig angezogen bin, bekomme ich zu guter Letzt noch einen Sack mit meinen eigenen Kleidern aus Scheveningen und einen Teil von Betsies Kleidern. Alles zusammen ist wirklich ein schweres Paket.

Vor dem Tor müssen wir warten. Da erzählt mir jemand, daß Frau Ward und Frau Jansen eben gestorben sind.

Ich denke zurück an einen Appell vor zwei Monaten. Betsie stand dicht neben mir. Es war unfreundliches Regenwetter, und nach Ablauf des Appells frug ich sie: «Wie geht es Ihnen?» — «Gut», sagte sie, «es war ein herrlicher Appell. Frau Ward hat mit mir dem Herrn gedankt, daß Er für sie am Kreuz gestorben ist.» Erst hatte sie kein Interesse dafür gehabt, ja sogar eher Spott für unsere Bibelbesprechungen. Nun war sie zur vollkommenen Übergabe gekommen. «Befördert zur Herrlichkeit», sage ich zu mir selbst. So gehe ich durchs Tor, getrost und dankbar, daß ich hinter den Mauern von Jesus zeugen durfte, von Seinem versöhnenden Sterben. Die Seelen, die für den Himmel gewonnen wurden, wiegen alles auf, auch Betsies Heimgang.

Auf einem Büro außerhalb des Lagers bekommen wir unsere «Effekten» zurück: Geld, meinen goldenen Ring und die

Uhr. Gleichzeitig bekommen wir eine Ermahnung; das war uns schon vorausgesagt worden. Diesmal handelt es sich um die Missetat meiner Mitentlassenen. «Denkt daran, daß ihr nun ein besseres Leben führt und euren Leib nicht mehr an Ausländer gebt.» Ich lehne mich ermüdet an einen Schreibtisch. «Hast du noch nicht gelernt zu stehen?» bemerkt ein Offizier. Zum letzten Mal springe ich in Haltung. Bin ich nun frei? Es ist prächtiges Wetter. Alles ist unter der weißen Schneedecke. Eine Aufseherin bringt uns zur Station. Es geht etwas bergauf. Das holländische Mädchen, das mit mir freigeworden ist, bekommt Herzklopfen und kann nur langsam laufen. Meine Beine versagen bei der ungewohnten Anstrengung. Ich biete den deutschen Mädchen viel Geld, wenn sie unsere Bagage tragen wollen. Sie zappeln vor Ungeduld und wollen so schnell wie möglich fortkommen.

Die Aufseherin kennt noch etwas Barmherzigkeit und ruft ihnen zu: «Seht ihr denn nicht, daß die Holländerinnen nicht mehr mitkommen können?»

«Seht die lahmen, kraftlosen Holländer!» antworten sie. «Da müßt ihr uns sehen! Wir tragen ihre Bagage, sind mindestens so lange gesessen wie sie und sind noch flink und stark.» Alter und Schwäche sind in den Augen solcher Leute eine große Schande.

Wird das unser letztes Leiden sein? Wir schauen uns um. Eine große Gruppe «Sklaven», Gefangene, die Holz fällen müssen, laufen zwischen den Bäumen. Gejagt durch ihre Treiber, verrichten sie ihre schwere Arbeit. Und wir, wir gehen der Freiheit entgegen.

Auf der Straße begegnet uns noch eine Anzahl Häftlinge, die Wege anlegen und Kohlen und Kartoffeln abladen müssen. Alle diese Frauen und Mädchen gehen ins Lager zurück, und wir gehen nach unserm Vaterland. Eine tiefe Wehmut senkt sich in mein Herz. Wieviel lasse ich zurück! All das unendliche Leid.

Die Sonne scheint auf den gefrorenen See. Am andern Ufer sehen wir Fürstenberg liegen, mit seinem alten Schloß und der Stadtkirche. Die Sonne zaubert Farben auf den Schnee. Die Tannen sind wie Weihnachtsbäume mit ihren schwerbehangenen Zweigen.

«Welch einen Hunger habe ich!»

Für einen Tag haben wir Brot mitbekommen, aber keine Lebensmittelkarten. Und so beginnt unsere dreitägige Reise. Mein Essen verliere ich am ersten Tag, oder es wurde mir gestohlen.

Ohne Lebensmittelkarten bekommt man nichts, und so müssen wir mit unserm unterernährten Körper durch diese Tage kommen.

Bei der NSV kann ich Essen bekommen, haben mir einige deutsche Mädchen erzählt. Auf einer Station in einem kleinen Städtchen, wo wir umsteigen müssen, sehe ich eine freundliche Rote Kreuz-Schwester, und ich frage sie, ob ein NSV-Kiosk auf der Station ist. Sie zeigt mir den Weg, ganz am Ende der Station.

Eine Beamtin öffnet die Tür, und ich erzähle, daß ich weder Essen noch Marken habe.

«Oh, das kennen wir», sagt sie, «erst braucht man die eigenen Marken auf und dann verlangt man noch andere. Jede Lagerentlassene bekommt beim Austritt Marken.» Sie wirft die Türe vor meiner Nase zu. Ich gehe zurück zur Rotkreuz-Schwester und erzähle, wie es mir ergangen ist. «Hier», sagt sie, «iß dies schnell auf!» Sie schiebt mir einen Teller Erbsensuppe zu und bleibt Wache stehn, um zu sehen, ob nicht ein «Hoher» komme. Dieses Essen ist nur für Soldaten bestimmt. Wie herrlich ist diese Suppe! Es ist Fleisch darin. Ich labe mich daran, fühle mich als eine Bettlerin und blicke scheu um mich. Glücklicherweise sieht keiner, der es nicht sehen soll, wie gierig ich esse.

Noch einmal auf der Reise begegne ich barmherzigen Menschen. Es ist auf einer großen Station. Ich frage einen Offizier, ob es Gelegenheit gibt, Essen zu bekommen. Er schaut uns freundlich an und winkt einem Jungen, der auf einem Motoranhänger Koffer über den Perron führt. Bevor wir wissen, wie uns geschieht, sitzen wir auf dem Anhänger. Vor einem Häuschen machen wir halt.

Und nun erleben wir ein Schauspiel, das uns ganz in das gemütliche Deutschland vor dem Kriege versetzt. Eine mütterliche Frau setzt uns Brot mit herrlicher Marmelade und Kaffee vor. Ein nettes Mädchen läuft hin und her, um uns alles zu geben. Der Offizier steht dabei und scherzt mit dem Mädchen: «Hat die Gretel den Hans schon angerufen?» Gretel wird ganz rot. Die Frau ermuntert uns, wir sollen uns das Brot schmekken lassen und erzählt: «Dieser Offizier ist wie ein Vater für uns alle.» — Luftalarm. Nun müssen wir uns beeilen. Die Züge fahren so schnell wie möglich ab; hier fallen oft Bomben.

Eben bin ich im Deutschland von früher gewesen.

Abmeldung

In Uelzen müssen wir uns abmelden. Wir suchen das Gebäude, in dem der SD von Scheveningen untergebracht ist. Als wir es gefunden haben, werden wir von einigen niederländischen NSB-Jungen und -Mädchen empfangen. Sie bieten uns Sitzplätze an, und eines von ihnen, ein etwa sechzehnjähriges Mädchen, setzt sich auf die Tischkante und fragt: «Kommt ihr aus einem KZ? Na, da werdet ihr nichts zu lachen gehabt haben. Es muß scheußlich sein, gefangenzusitzen. Fein, daß ihr wieder frei seid!» Welche Ahnungslosigkeit bei diesen Kindern! Mir ist die Kehle wie zugeschnürt. Sie sehen offenbar nichts von der Grausamkeit des Regimes, dem sie sich freiwillig untergeordnet haben. Ich bin zu Tode erschöpft, bin aber froh, als ich wieder draußen bin. Wir müssen lange nach einem Obdach suchen. Wir hätten zwar im SD-Gebäude übernachten können, aber lieber wollen wir stundenlang im Schneegestöber herumirren, als wieder in eine solch unheilvolle Umgebung kommen.

Früh am Morgen gehen wir zum Bahnhof, und jetzt fahren wir wieder an den zerstörten Städten Deutschlands vorbei, den Ruinen, wo einst viele glückliche Menschen gelebt haben, die jetzt umherirren und nur mit Mühe Unterkunft finden können.

Welch unsagbares Leid ist über dieses schöne Land gekommen! Wie entsetzlich hat Hitler seinem eigenen Volk mitgespielt und es in Not und Verdammnis hineingerissen!

Zurück in die Heimat

Heimat! Wir stehen auf dem Bahnsteig in Nieuweschans. Claire kann kaum noch gehen. Ihre Beine sind stark geschwollen, und sie fühlt sich krank. Auch ich bin am Ende meiner Kräfte. Da kommt ein Schiffer auf uns zu: «Geben Sie mir erst einmal den Rucksack», sagt er, «mit so aufgedunsenen Beinen können Sie ja nichts Schweres tragen.» Er nimmt Claire beim Arm und führt uns zur Zollabfertigung. Dort ist er schneller fertig als wir, und als wir herauskommen, ist er nirgends mehr zu sehen. Zwei Arbeiter, offensichtlich Grenzgänger, bieten uns ihre Hilfe an. «Gehen Sie nur zwischen uns», sagen sie. «Wir bringen Sie an den Zug und helfen Ihnen hinein.»

Das ist Holland! Hier sind die Menschen freundlich und hilfsbereit, ohne große Worte zu machen. Während der Reise durch Deutschland war noch keine rechte Freude in meinem Herzen. Erst jetzt werde ich mir der eben errungenen Freiheit klar bewußt. Jetzt kann ich mich wirklich von ganzem Herzen darüber freuen!

Diakonissenhaus

In Groningen angelangt, begebe ich mich sofort ins Diakonissenhaus und frage nach der Oberschwester. «Schwester Tavenier kann jetzt nicht kommen. Sie werden eine Weile warten müssen. Sie muß einem Gottesdienst in einem der Krankensäle beiwohnen», sagt die Pförtnerin. «Dürfte ich vielleicht auch mit dabeisein?» bitte ich. «Selbstverständlich, ich werde Ihnen gleich Bescheid sagen, wenn es anfängt. Gehen Sie bitte solange ins Wartezimmer.» «Schwester, haben Sie wohl etwas zu trinken für mich?» «Gewiß, aber Sie sind krank. Ich werde etwas Tee und einen Zwieback holen.» Einen Augenblick später stellt sie die Tasse vor mich hin und sagt: «Ich habe den Zwieback absichtlich nicht mit Butter bestrichen, trocken wird er Ihnen besser bekommen.» Ich bin ganz gerührt. Hier wird sofort überlegt, was mir zuträglich ist.

Das Wartezimmer sieht aus, wie alle Wartezimmer in allen Krankenhäusern auszusehen pflegen. Auf dem Diwan liegt ein Mann, der die ganze Nacht bei seiner sterbenden Frau zugebracht hat. Ein Junge, dem man die Langeweile des Rekonvaleszenten ansieht, schlendert herein. Verwandte eines Schwerkranken unterhalten sich flüsternd. Der Reihe nach dürfen sie in den Krankensaal hineingehen.

Einen Augenblick später liege ich in einem bequemen Sessel und kann die Beine ausstrecken, die von einem Schemel gestützt werden. Eine wunderbare Ruhe ist in mir: Ich bin in Holland, es sind gute Menschen um mich, und mein Leiden hat ein Ende.

Eine Schwester holt mich ab. Im Saal stehen Stühle im Halbkreis den Betten gegenüber. Ein älterer Pastor tritt in den Saal. Man gibt mir ein Gesangbuch. Ich sehe, daß die Schwestern und Kranken mich heimlich beobachten. Wie sauber sind die Betten: Sie sind frisch bezogen, und der Fußboden ist blank gebohnert.

Jetzt erklingt die getragene Stimme des Pastors. Er liest einige Gesangbuchverse vor, die dann von allen mitgesungen werden. Ich ertappe mich dabei, daß ich fortwährend Vergleiche anstelle: der schmutzige Schlafsaal mit den verlausten Betten im Lager und dann dieses hier. Die heiseren Stimmen der «Sklaventreiber» und die wohllautende Stimme von Pfarrer Hoogenraad. Jetzt singen wir. Nein, in diesem Punkt gibt es keine Gegensätze. Auch in Ravensbrück wurde gesungen, und das wird immer eine schöne Erinnerung bleiben. Aber der Hintergrund ist ein anderer: Dort mußte es heimlich geschehen, hier ist es erlaubt!

WIE EIN SCHÖNER TRAUM

Ich sitze im Zimmer der Oberin. «Für Fräulein Prins ist schon gesorgt. Sie liegt in einem frisch bezogenen Bett. Wir werden sie gut pflegen, aber was soll nun mit Ihnen geschehen?» «Ich weiß es nicht, Schwester.» «Aber ich weiß es!» Sie klingelt, und eine junge Schwester erscheint. «Schwester, bringen Sie diese Dame bitte in den Speisesaal der Schwestern, und setzen Sie ihr ein gutes Mittagessen vor.» Die junge Schwester nimmt mich mit, und im Korridor fragt sie: «Wo sind Sie eigentlich zu Hause?» «In Haarlem», antworte ich.

«Kennen Sie dort Corrie ten Boom?» Ich schaue sie an und erkenne eine der Leiterinnen der «Dreieckmädchen». «Truus Benes», rufe ich erfreut. «Ja, die bin ich», sagte sie, «aber ich erkenne Sie nicht.» «Aber ich bin Corrie ten Boom.» «Nein, das ist nicht möglich! Ich kenne sie sehr gut, ich habe einige Male mit ihr zusammen kampiert.» «Trotzdem bin ich es, wirklich!» Wir sehen uns an und müssen beide lachen. Ich sehe mich in diesem Augenblick im Spiegel, und nun verstehe ich, daß sie mich nicht wiedererkannt hat: Mein Gesicht ist blaß und schmal, mein Mund ganz breit. Meine Haare hängen wirr und ungepflegt um den Kopf, die Augen liegen tief in ihren Höhlen. Mein Mantel ist schmutzig, da ich in der Bahn manchmal am Fußboden habe liegen müssen. Der Gürtel hängt lose.

Im Speisesaal setzen wir uns zusammen an einen kleinen Tisch, und nun gehts ans Erzählen. Ich frage nach gemeinsamen Bekannten. Lebt Mary Barger noch, Jeanne Blooker und ... Wie komisch, solche Fragen zu stellen: Ist es doch kaum ein Jahr her, daß ich zuletzt von ihnen hörte. Aber ach, wie entsetzlich lang hat dieses Jahr gedauert!

Dann aber frage ich nicht mehr, ich esse! Kartoffeln, Rosenkohl und Fleisch. Als Nachtisch Pudding mit Johannisbeersaft und schließlich noch einen Apfel. «So habe ich noch nie jemand essen sehen», sagt später eine der Schwestern, die mir vom Nebentisch aus zugeschaut hat. Bei jedem Bissen, den ich förmlich verschlinge, spüre ich, wie dem Körper neue Kräfte zugeführt werden. Früher hatte ich einmal zu Betsie gesagt: «Wenn wir heimkommen, werden wir sehr vorsichtig sein müssen mit dem Essen und vielleicht anfangs nur kleine Portionen zu uns nehmen.» «Nein», hat Betsie gesagt, «Gott wird dafür sorgen, daß wir von Anfang an jegliche Nahrung werden vertragen können.» Und so ist es: Ich esse durchaus nicht wenig. Immer wieder legt mir Truus etwas auf den Teller. Wie herrlich schmeckt es! Ich glaube, daß ich mein Leben lang an diese erste Mahlzeit nach der Heimkehr denken werde. — Dann darf ich baden. Ich finde kaum aus dem wunderbar warmen Wasser, das meiner armen, von Läusen arg zerschundenen Haut so unaussprechlich wohltut, hinaus. Als ich aus den belebenden Fluten steige, bin ich ein anderer Mensch. Und nun werde ich angekleidet. Es sind noch mehrere Angehörige unserer Kluborganisation unter den Schwestern, und einige von ihnen helfen mir beim Anziehen. Alle steuern sie irgend etwas bei: Leibwäsche, ein Kleid, Haarklemmen, Strümpfe und Schuhe. Ich bin restlos glücklich. Wie lieb und herzlich sind sie alle zu mir! Diese jungen Menschen sind dazu erzogen, ihren Mitmenschen wohlzutun und zu helfen. Dort, woher ich komme, war ich in der Gewalt von Männern und Frauen, die eine Spezialausbildung in Grausamkeit erhalten hatten. Hier umgibt mich Liebe, Freundlichkeit und Fürsorge. Ein hübsches Schlafzimmer wird mir zugewiesen, das Zimmer einer im Urlaub weilenden Schwester. Wie geschmackvoll ist es eingerichtet! Es enthält nicht einen einzigen häßlichen Gegenstand.

Als ich im Bett liege, schaue ich um mich. Wie schön die Farben harmonieren! Ich habe einen richtigen Farbenhunger. Meine Augen können sich nicht sattsehen. Und das Bett ist so wunderbar weich und geräumig. Warme und doch leichte Wolldecken und auch unter meinen geschwollenen Füßen ein Kissen, das dort von einer sorgsamen Schwester hingelegt wurde, damit die Füße hoch liegen. Und Bücher auf dem Bücherbord. Draußen höre ich ein Schiff tuten, Kinderlachen erklingt und in der Ferne ein Turmglockenspiel! Ich schließe überwältigt meine Augen. Tränen tropfen leise auf mein Kopfkissen.

Eine Schwester nimmt mich später mit in ihr Zimmer, und zum ersten Mal höre ich wieder Radiomusik. Sie ist nicht gerade schön, und eben überlege ich, ob ich sie wohl bitten könne, das Radio abzustellen, als plötzlich andere Musik ertönt: Günther Ramin spielt Bach. Die Orgeltöne umfluten mich. Ich sitze am Fußboden neben einem Sessel und schluchze. Wie selten habe ich in all den schweren Monaten geweint. Ich habe das Leben wie ein schönes Geschenk zurückerhalten. Harmonie, Schönheit, Farben, Musik. Diejenigen, die durch das gleiche Leid hindurchgemußt haben und auch zurückgekehrt sind, werden diese Reaktion nur allzugut verstehen.

Zwei Polizisten melden sich im Diakonissenhaus. «Wie geht es den beiden aus Deutschland entlassenen Häftlingen?» «Ausgezeichnet, aber woher wissen Sie, daß sie aus dem KZ kamen?» «Wir haben sie am Bahnhof gesehen, und es tat uns leid, daß wir ihnen nicht helfen konnten. Wir hatten Dienst, sind ihnen aber trotzdem nachgegangen und haben gesehen, daß sie ins Diakonissenhaus hineingingen. Wir meinten, daß das wohl das Richtige war. Man konnte sie sofort als entlassene Lagerinsassen erkennen. Sie sahen so entsetzlich elend aus.» Hier in Holland kümmert man sich um Kranke und Schwache. Wie wunderbar ist es, wieder daheim zu sein!

Harmonie

Nach langer Zeit bin ich wieder in der Kirche. Eine mächtige Kathedrale, farbige Fenster, die gedämpft das Licht durchscheinen lassen. Gewölbe und Pfeiler, alles spricht von jahrhundertealter frommer Tradition. Die Orgel beginnt zu spielen. Wie wunderbar rührend klingen die Töne. Wie harmonisch sind hier die Farben, das Licht, die Töne, auch die Atmosphäre all der betenden Menschen, die zusammenkamen, um über Gott reden zu hören. O ich weiß es wohl, es sind sündige Menschen mit kleinen Gedanken, aber wie herrlich ist es, daß sie hier sind. Gottes Liebe hat sie angezogen.

Ich vergleiche wieder. Schwarze, graue Farblosigkeit innerhalb und außerhalb der Baracken und schmutzige Kohlenstaubstraßen. Kreischen, Schelten, Wehklagen, eine Atmosphäre von Sadismus und Angst.

Disharmonie erst, nun Harmonie. Der Pastor liest aus der Bibel. Ich lausche. Meine Seele erzittert, als er betet.

Daheim in Haarlem

Ich bin wieder zu Hause in der Barteljorisstraat. Es ist viel gestohlen worden: meine Schreibmaschine und auch — was viel schlimmer ist — die großen und kleinen Uhren, die ich von anderen zur Reparatur im Hause hatte. Auch fehlen mehrere Bücher. Weshalb hat man die weggenommen? Haben die Männer, die mich verhaftet haben, vielleicht geglaubt, daß irgendwelche geheimen Dokumente darin verborgen waren? Aber ich gräme mich nicht über das, was endgültig fort ist. Ich freue mich vielmehr über das, was mir geblieben ist: mein Klavier steht noch da, und auch das schöne Porträt von Vater hängt noch an der Wand, ebenso die schönen Gemälde von Miolée. Vaters Sessel ist da, der alte Schrank, die hübsche Anrichte im Speisezimmer und noch so viel anderes, das mir von Kindesbeinen an lieb und vertraut gewesen ist.

Aber ich bin allein. Zwei, die mit mir hier gewohnt haben und mit denen ich so harmonisch zusammengelebt habe, fehlen. Ich lehne mich an Vaters Bett und denke daran, wie glücklich er und Betsie jetzt sind. Sie sehen himmlische Farben und hören himmlische Musik. Wie sehr haben sie beide es verstanden, alles, was schön und edel war, zu genießen und sich von Herzen daran zu erfreuen. Und jetzt dürfen sie den Heiland sehen. Sie sind daheim in einem viel tieferen Sinne als ich, und einst werde auch ich wahrhaft heimkehren dürfen. Vater und Betsie sind mir nur vorangegangen. Ich bin froh: Die Freude über ihr Glück überstrahlt den Schmerz, den Verlust. Ich wage es, froh zu sein.

Ich habe mein Leben zurückgewonnen und darf jetzt vielleicht noch vielen helfen. Ich bin geläutert worden durch tiefes Leid und weiß jetzt vieles aus Erfahrung, was ich früher nur geahnt habe. Trübsal und Bedrängnis, Hunger, Nacktheit und Angst, nichts kann uns von der Liebe Gottes in Christo trennen. Durch Jesus mehr als Sieger, auch über die Schwierigkeiten, die mir noch bevorstehen. Viel Arbeit wird, wie ich hoffe, meiner harren. Vielleicht werde ich einsam sein. Aber nein, ich will Liebe säen, und dann bleibt man nicht einsam. Unser Haus, in dem jeder zu jeder Zeit willkommen war, wird ein gastfreies Haus bleiben.

WIEDER IM MÄDCHENKLUB

Zum ersten Mal seit meiner Heimkehr sind die Gruppenführerinnen wieder mit mir zusammen. Manche haben gerührt und in stiller Anteilnahme meine Hand gedrückt, andere mich voller Begeisterung auf die Schulter geklopft. «Fein, Tante Kees, daß du wieder da bist!» Wie schön ist es, die jungen Gesichter zu sehen, die so vertrauensvoll auf mich blicken. Wie sind sie in diesem Jahr geistig gewachsen. Auch ohne mich haben sie getreulich jede Woche ihre Zusammenkünfte abgehalten. Die meisten sind unterernährt und haben trotzdem nicht versagt. Sie sind viel selbständiger geworden. Es ist sehr schwer für sie gewesen. Sie haben Holz gehackt, das Essen von weither zusammengeholt, auf reifenlosen Fahrrädern lange, anstrengende und mit steter Gefahr verbundene Touren unternommen. Was sie früher nicht hätten leisten können, das haben sie durch die unsagbar schwierigen Verhältnisse lernen müssen. Und sie haben ihre Lektion mit Ernst und Ausdauer gelernt, um sie nie zu vergessen.

Behutsam erzähle ich von meinen Erlebnissen. «Wenn man dem Heiland gehört, dann braucht man nichts zu fürchten. Das weiß ich jetzt aus Erfahrung. Er ist stärker als jegliche Versuchung. Wollen wir gemeinsam arbeiten, um die Finsternis um uns herum ein klein wenig heller zu machen? Es gilt, unser bös zerstörtes Land von neuem aufzubauen. Wollen wir in Christi Namen mit bauen? In Ihm werden wir mehr als Sieger sein!»

Wie herrlich ist es, ihnen den Weg zeigen zu dürfen. Überall ist Jugend, die darauf brennt, ihre Tatkraft einzusetzen, ihre Kräfte zu regen und scheinbar Unmögliches möglich zu machen.

In Gedanken sehe ich die Lagerstraße. Der Appell ist vorbei, und bevor sie zu Siemens gehen, kommen ein paar junge Mädchen auf mich zu. «Tante Kees, gib uns bitte ein Wort für heute mit auf den Weg.» Ich sage: «Sei getreu bis in den Tod, so will Ich dir die Krone des Lebens geben. Fürchte dich nicht, glaube nur.» Wie ich sie wenige Augenblicke später in Reih und Glied in die Fabrik marschieren sehe, gehen sie erhobenen Hauptes. Bosheit und Gewalt können ihnen nichts anhaben.

Als meine Gruppenführerinnen nach Hause gehen, kommt eine nochmals zurück und fragt: «Kommen Sie zu Ostern mit uns hinaus aufs Land, und werden Sie in diesem Sommer auch in unser Zeltlager kommen?» Ich antworte zerstreut. Meine Gedanken weilen bei denen, die ich zurücklassen mußte. Noch ist Ravensbrück nicht befreit.

GEDÄCHTNISFEIER

Es ist Konfirmationsfeier in der großen Kirche. Gestern hat die Kapitulation stattgefunden, aber die Deutschen sind noch hier. Die Kanadier werden baldigst erwartet.

Die Kirche ist gedrückt voll. Er ist der erste Gottesdienst im befreiten Haarlem. Ich sitze im Kirchstuhl, wo ich die letzten Jahre meinen eigenen Platz hatte. Die Sonne scheint durch die farbigen Fenster und zaubert Farben auf die weißen Mauern. Die Orgel braust. Wir singen:

> Wär uns der Herr, Ihm sei die Ehr,
> Nicht also beigestanden,
> Wir wären lang, uns war so bang,
> Im Elend ganz vergangen.

Nach dem Dankgebet stehen wir alle auf. Es ist totenstill. Wir gedenken derer, die gefallen sind. Eine Minute Stille. Vater, Betsie, Piet und so viele andere. Die Orgel stimmt das Wilhelmslied an. Ich kann nicht mitsingen, und so geht es noch vielen andern.

Draußen ist der Große Markt voller Flaggen. Menschen strömen aus der Kirche. Es wird geschossen. In rasender Fahrt kommen Autos aus der Königstraße mit Deutschen, alle mit Gewehren im Anschlag. Wir rennen in die Schmiedestraße hinein. Was soll das bedeuten? Nein, erst später werden wir wirklich frei sein; nun ist der Feind noch im Land.

KAHLGESCHOREN

In den Straßen johlende Menschenmassen. Sie drängen unter unsern Fenstern vorbei. Es wird gelacht und gelärmt, «Oranje Boven» gesungen. Ich halte Ausschau. Was für eine Masse junger Männer sind nun auf der Straße! Sie sind aufgetaucht nach jahrelangem Sichverstecken in den Häusern. Was für Kinder sind sie noch! Viele haben noch nie Oranjefest gefeiert, andere wohl früher, vor fünf Jahren. Aber fünf Jahre sind lang, wenn man klein ist. Wieviel Orangefarbe wird getragen; wo das alles nur so schnell hergekommen ist?

Ich bekomme ein Verlangen, mitzumachen, mit zu dem

Großen Markt zu gehen. Meine Beine wollen noch nicht recht, aber ich lehne mich auf den Arm eines Hausgenossen. — Wie voll ist der Markt! Wieviele fröhliche Menschen! Es laufen noch feindliche Soldaten umher, aber man ignoriert sie. Bald werden sie fort sein, Böses werden sie uns nicht mehr antun. Auf einmal läuft alles dem Stadthaus zu. Oh, nun ziehen sie drei Mädchen die Treppe hinauf, und auf der Freitreppe umringen sie einige Männer. Es sind holländische Mädchen und Frauen, die mit deutschen Soldaten Umgang hatten. Die Menschen um mich her lachen, johlen, schreien. Vor dem Stadthaus ist ein Gerüst gebaut, ich weiß nicht wofür. Früher, im dunklen Mittelalter, stand hier ein Schafott. Ich schaudere. Nun sehe ich das Gesicht von einem der Mädchen. Ihr Kopf ist liederlich geschoren, lange Strähnen sind noch geblieben, aber doch gleicht sie den Mädchen aus dem Gefängnis. Sie schaut verbissen, wütend drein und hat etwas von einem schwachsinnigen Kind, wenigstens hat sie einen stumpfen Ausdruck. Nun muß sie Blumen festhalten und ein Junge zerrt ihren Arm in die Höhe und läßt sie den Takt schlagen, während das Volk «Oranje Boven» singt. Ein anderer hält Blumen über ihren Kopf, und dann schmieren sie orange Farbe auf den kahlen Kopf. Auf einmal begegnen ihre Augen den meinen. Ich möchte den Jungen, die sich mit ihr abgeben, zurufen: «Paßt auf, es zerbricht etwas!»

Eine ältere Frau wird nun nach vorn gezogen. Sie wehrt sich; sie ist wild. Grimmig schauen ihre dunklen Augen. Das Volk um mich her brüllt vor Lachen. Das ist noch viel interessanter als bei der ersten, die sich gefügig scheren ließ. Aber die Frau vermag nichts gegen die Übermacht, und ihr Kopf wird kahl geschoren, ebenso wie das schön ondulierte Köpfchen des folgenden Schlachtopfers, eines flotten Mädchens, das sich verbissen behandeln läßt. Da setzt jemand aus dem Volk mit dem Wilhelmuslied ein, und sie muß den Takt schlagen.

Ich gehe weg. Dieses Lied ist mir heilig. O wie ist das arg! Als ich wieder zu Hause bin, höre ich den Zug vorbeikommen. Lachen, schreien höre ich, aber ich schaue nicht hin. Wohl haben die Mädchen, die nun an meinem Haus vorbei kommen, Schuld. Ich begreife so gut, wie die Menschen, von denen sie geplagt werden, dazu gekommen sind. Wie hat man sie gereizt! Wie mußten sie lange alles schweigend tragen, diese erniedrigende Behandlung durch Männer, denen sich diese Mädchen so ohne weiteres hingegeben haben!

Und doch: ist es eigentlich nicht noch gut ausgekommen mit unserm holländischen «Byltjesdag»?* Wie habe ich oft in Sorge gedacht an jene, die vom Haß getroffen werden, der im Herzen eines eigentlich so friedliebenden Volkes gezüchtet wurde! Fast jeder Holländer ist in persönlicher Trauer oder hat eine selbsterfahrene Demütigung zu verzeichnen. Wie schrecklich wäre es gewesen, wenn sie, zurückblickend auf die Stunde der Befreiung, sich über einen Mord an einem Mitmenschen hätten schämen müssen! Wie kommt es, daß Gott diese bösen Mächte im Zaume hielt? Ist es, weil viel gebetet wurde? Das glaube ich sicher. Ich weiß: in und für Holland betet auch eine Königin.

Schlussakkord

In einem schönen, inmitten eines herrlichen Waldes gelegenen Hauses blicke ich beglückt um mich. Blumenduft strömt durchs geöffnete Fenster zu mir herein. Vögel singen und jubilieren. Ich stelle mich einen Augenblick ans Fenster und sehe hinaus in ein Farbenmeer: die Blumenfelder Hollands. Die Bäume sind schon belaubt und zeigen ein lichtes, zartes Grün in vielen Schattierungen.

Nein, es ist kein Märchen, sondern lebendige Wirklichkeit, was ich jetzt erzählen werde. «Sehen Sie, wie schön die Täfelung ist?» fragt die Besitzerin und streicht liebevoll mit der Hand an der herrlich getäfelten Wand entlang. Ich denke zurück an eine finstere Nacht in Ravensbrück. Betsie weckt mich auf: «Unser Haus ist so schön, vor allem die Holzarbeiten sind ganz wundervoll. Es muß auch sein, daß das Haus schön ist, denn die Menschen brauchen Schönheit, um die furchtbaren Eindrücke aus der Zeit der Haft wieder vergessen zu können.»

Hat Betsie mit prophetischem Blick in die Zukunft schauen können?

---

* Abrechnungstag der Holländer mit den N. S. B'ers – das sind die holländischen Nazi –, an welchem man nach einem Beschluß die Missetaten dieser Menschen mit dem Beil vergelten wollte.

Hier in diesem Haus werden bald Menschen wohnen, die aus grauenvoller Haft befreit sind. Wir werden gemeinsam auf dem Feld, im Wald, im Garten und im Hause arbeiten. Es wird gesungen und musiziert werden. Es soll hier nicht nur ein Heim für Ruhe- und Trostbedürftige sein, sondern auch ein «Aufbauzentrum», wo man am Neuaufbau der Niederlande tätigen Anteil nehmen wird, denn hier sollen die Menschen wieder Liebe zum Leben und Hingabe an ihre Arbeit lernen. Später sollen auch Menschen, die niemals in Haft gelebt haben, hier Genesung finden können. Was für Menschen werden es sein? Noch ahne ich es nicht, Gott wird sie uns schicken.

Es wird viele Probleme zu lösen geben. Geld, viel Geld wird nötig sein, und unser Land ist jetzt arm. Wie werde ich zu Heizmaterial und guter Ernährung kommen? Bald, bald muß angefangen werden, und noch fehlt es am Allernotwendigsten.

Ich blicke zurück, und nun drängt sich mir das Gebet auf die Lippen: «Trübsal, Angst, Bedrängnis, Hunger, Nacktheit ... in allem mehr als Sieger durch Ihn, der uns lieb gehabt hat ... O Herr, ich erwarte viel von Dir. Nimm Du meine Hand in Deine treuen Hände, und führe mich als Dein Kind. Laß viele in diesem Hause Dich finden dürfen.»

Ich erinnere mich, daß mein Vater oft die Worte sprach: «Mich hat der Herr mit außerordentlicher Behutsamkeit und in treuester Fürsorge geleitet.» Wie reich bin ich gesegnet, daß auch ich vom Heiland so liebevoll geführt worden bin und trotz Not und Trübsal Seinen Weg habe erkennen dürfen.

Ich blicke aber auch voller Zuversicht in die Zukunft und weiß: «Jesus Christus gestern und heute der gleiche bis in alle Ewigkeit.» Im Tal der Todesschatten war Er bei mir, und Seine Hand wird mich zu den grasigen Weiden und stillen Wassern hinfinden lassen. Getrost kann ich meinen Weg weitergehen: der Herr wird mich nicht verlassen. Sein Wort gilt: «Siehe, Ich bin bei euch alle Tage bis an der Welt Ende.» Amen.

Im Kenaupark in Haarlem steht ein schöner Baum, ein wilder Kirschbaum, glaube ich. Immer, sobald es Frühling wird, treibt er solch eine Fülle von Blüten, daß die Haarlemer diesen Baum »die Braut von Haarlem« nannten. Vater ging jedes

Jahr hin, ihn anzuschauen. Wir sahen die Blüten größer und größer werden, und dann standen wir Arm in Arm darunter, immer dann, wenn der Baum am schönsten war, und liefen auf unserm Morgenspaziergang noch tagelang über den Teppich der abgefallenen Blütenblätter.

Nun ist die »Braut von Haarlem« umgehauen. Der gefällte Stamm war auch von Nichtfachleuten klein zu kriegen, und die Haarlemer hatten kein Brennmaterial, um das spärliche Essen damit zu kochen. Sie dachten in ihrem Hunger nicht an Frühlingspracht und Tradition.

Ich gehe in den Kenaupark und sehe, daß der Baum fehlt. Ich bin allein. Vater ist auch nicht mehr. »Die Braut von Haarlem« ist gefällt, und Haarlems »Good old fellow« ist im Gefängnis gestorben.

Ich blicke nach oben. Aprilwolken bedecken die Sonne. Andere sind eingehüllt in goldenen Glanz und geben eine Glut auf die Erde, die allem Farbe schenkt. Wolken können auch Licht geben, wenn die Sonne sie bescheint.

INHALTSVERZEICHNIS

Präludium 3

Im Gefängnis zu Scheveningen 16

Vught 38

Ravensbrück 77

R. BROCKHAUS TASCHENBÜCHER

3	**Dennoch** v. C. ten Boom
4	**Und vergib uns unsere Schuld** v. B. Schmidt-Eller
6	**Eine von den Unbezwungenen** v. R. O. Latham
7	**Wie ich Christ wurde** v. O. Hallesby
13	**Vom Beten** v. O. Hallesby
17	**Friede mit Gott** v. B. Graham
23	**Auf der Suche nach Freiheit** v. A. Richter
29	**Prozeß gegen Gott** v. A. Richter
33	**O diese Gabriele** v. B. Schmidt-Eller
59	**Ich war ein Gangster** v. J. Vaus
65	**Meine Antwort** v. B. Graham
75	**Christliche Prophetie und Nuklearenergie** v. B. Philberth
91	**Jürnjakob Swehn** v. J. Gillhoff
108/109	**Doktor Ida** v. D. C. Wilson
117	**Naturwissenschaft, Weltbild, Glaube** v. H. Rohrbach
146/147	**Um Füße bat ich und er gab mir Flügel** v. D. C. Wilson
167	**Ein Mensch wagt zu lieben** v. J. H. Oldham
168	**Welt in Flammen** v. B. Graham
176	**Mutter Ditta** v. A. de Moor
177	**Marie Durand** v. E. E. Ronner
178/179	**Finger an Gottes Hand** v. D. C. Wilson
184	**Man lebt – fragt sich nur wozu?** v. K. Vollmer
187	**Sprechstunde für die Frau** v. E. Price
188	**Das normale Christenleben** v. W. Nee
191/192	**Darum werden wir nicht mutlos** v. D. C. Wilson
193	**In der Welt – nicht von der Welt** v. W. Nee
195	**Nachdenken – Umdenken – Neudenken** v. K. Vollmer
196	**Teenager-Probleme** v. K. Eickhoff
201	**Ich muß mit dir reden** v. K. Eickhoff
202	**Stationen** v. A. Richter
207	**Gestern war ich jung** v. A. de Moor
210	**Der größere Reichtum** v. G. Irwin
212	**Arzt am Himalaja** v. K. Anderson
215*	**Der feurige Elias** v. E. Hathaway
222	**Ich bin der Herr dein Arzt** v. H. C. Spurgeon
223	**Und das als Frau** v. D. C. Wilson
225	**Mit Jesus bis Sibirien** v. R. Weber
226	**Liebe dich selbst** v. W. Trobisch
229	**Deckname Sebastian** v. J. Johnson
230	**Was heißt das: Ich glaube** v. U. Betz
231**	**Christy** v. C. Marshall
232	**Gott wartet auf Antwort** v. P. Roth
233	**Die Last ist leicht** v. E. Price

234*	**Vater Daniel** v. A. de Moor
235	**Die Steppe brennt am Weißen Nil** v. Ch. B. Opitz
237	**Vom Gewissen** v. O. Hallesby
238	**Mit Habakuk in den Libanon** v. J. Schmidt
240**	**Die harte Herrlichkeit** v. E. van Randenborgh
241	**Das Buch der Preisungen** v. M. Buber
242*	**Heilige mit kleinen Fehlern** v. M. Pampel
243	**Aber Herr Noah ...!** v. K. Vollmer
244**	**Der Doktor von Titinow** v. R. Planner-Petelin
245	**So fingen wir als Christen an** v. K. Miller
246	**Begegnungen und Erfahrungen** v. H. Thielicke
247	**Lebenszeichen** v. A. Richter
248	**Er will dich beschenken** v. K. Brandt
250	**Die Indios, meine Freunde** v. U. Wiesemann
251	**Das Neue Testament** rev. Elberf. Übersetzung
252	**Fragen erlaubt** v. E. Price
253	**Zukunftsperspektiven** v. R. Padilla
254	**Die Zuflucht** v. C. ten Boom
255	**Mein Leben hat Inhalt** v. E. Schnepel
256	**Warum ich nicht religiös bin** v. O. Hallesby
257*	**Die Verlobung** v. W. Peper
258	**Was hat denn das mit mir zu tun?** v. D. Meyer
259	**Hunger** v. K. Eickhoff
260**	**Und etliches fiel auf den Fels** v. B. Giertz
261	**Ja, aber ...** v. R. Forster und P. Marston
262*	**Der Engel mit dem Holzbein** v. D. Hofer
263	**Seelsorge – wie macht man das?** v. R. Ruthe
265	**Denken erwünscht!** v. G. Schröter
266	**Der Hut auf dem Dielentisch** v. J. R. Davis
267	**Zwischen Gott und Satan** v. H. Thielicke
268	**Rebell aus Liebe** v. G. Irwin
269	**Weihnachtserinnerungen** v. C. ten Boom
270	**Liebe, die den Haß besiegt** v. F. Kivengere
271	**Kleine Therapie für geistliche Durststrecken** v. W. Trobisch
272	**Zauberkorb und Geistersteine** v. H. E. Dowdy
273**	**Der Eukalyptusbaum** v. A. Ignatius
274	**Krankheit muß kein Schicksal sein** v. R. Ruthe
275	**Das Hündchen des Tobias** v. L. Hoffmann
276	**Ermutigung zum Dienst** v. T. Sorg
277	**Leben ist mehr...** v. H. B. Kaufmann
278	**Jeder Hund bellt für seinen Herrn** v. A. Günther
279	**Jugend und Ehe** v. C. Meves
280	**Gefangene macht er frei** v. C. ten Boom
281	**Der Spiegel Gottes** v. W. Nee

* »Erntebücher« – Besonders klares Schriftbild
** »Brockhaus Extra« – »Viel Buch für wenig Geld«